G000123060

C'est pas bientôt fini ce caprice?

« C'est la vie aussi »
Collection dirigée par Bernadette Costa-Prades

Christine Brunet
Nadia Benlakhel

C'est pas bientôt fini ce caprice?

Les calmer sans s'énerver

Albin Michel

Introduction

Énervé, déstabilisé, surpris, excédé, indifférent, culpabilisé, gêné, honteux... La gamme de sentiments que l'on peut ressentir face au caprice de son enfant est si étendue! Il boude, hurle, pleure, se roule par terre, se débat si vous tentez de le maîtriser. Il va parfois jusqu'à mordre ou donner des coups de pied. Aveuglé par sa colère, il semble ne plus être qu'un feu d'artifice de cris et d'agressivité. Pourtant, ce «chaos» d'émotions brutes dont vous feriez bien l'économie est indispensable à l'éveil de sa personnalité. Aucun enfant ne ressemble à un autre. De même, aucun caprice n'est identique à un autre. Vous pensez parfois que votre enfant «rejoue» la colère d'hier ou celle d'il y a trois mois? Mais le contexte a changé. Il évolue, comme les éléments d'un décor mouvant. Vous n'êtes pas la même mère ou femme, le même père ou homme, le même couple, selon les moments de votre vie. Et le caprice de votre enfant est toujours unique. Pour y faire face dans le respect de sa personne, il est important de comprendre les étapes qu'il traverse pendant sa petite enfance, les mécanismes de sa logique et les interactions de votre

histoire familiale et affective sur vos propres comportements. Vous éviterez ainsi de vous enliser dans une spirale de réactions inefficaces à calmer le jeu. Mieux
encore : en recherchant à «dompter» ses caprices sans
en étouffer l'expression, vous enrichirez votre relation
avec votre enfant d'une complicité et d'une confiance
réciproques qui lui seront extrêmement précieuses tout
au long de sa vie.

Chapitre 1
Une mauvaise réputation

**Souvent bruyants, déconcertants et exaspérants,
les caprices sont loin d'être une sinécure pour les parents.
Leur « désastreuse » réputation ne date pas d'hier.
Mais attention : un caprice avance parfois masqué...**

▨ Des manifestations explosives

La journée avait pourtant bien commencé. Ce matin, lorsque vous l'avez déposé à la maternelle, il était de bonne humeur. Il vous a fait un gros câlin et vous étiez fière de ce charmant petit bonhomme qui vous souriait. Mais ce soir, alors que vous alliez passer à table, il s'est mis à hurler et à taper frénétiquement des pieds parce que vous lui avez refusé un bonbon et qu'il ne supporte pas que son désir ne soit pas satisfait immédiatement...

C'est pas bientôt fini ce caprice ?

Les parents se passeraient bien d'affronter ces scènes pénibles et bruyantes qui ont l'incroyable pouvoir de les plonger au bord de la crise de nerfs. «Insupportable», «mal élevé», «pourri», «gâté», l'enfant capricieux n'a pas bonne réputation. Tout se passe comme s'il voulait imposer sa volonté, de manière soudaine et imprévisible, comme s'il avait momentanément perdu le sens de la mesure et de la raison. Déconcertant, le caprice arrive souvent par surprise, sans crier gare. D'ailleurs, le mot provient de l'italien, indirectement de *capre*, c'est-à-dire «chèvre», dont le saut est toujours inattendu...

Parfois impressionnantes par leur violence, ces manifestations ont de quoi déstabiliser les parents. Car, outre les cris et les pleurs, les caprices peuvent s'accompagner de coups, de plaintes et d'injures. Comme prisonniers d'une fureur aveugle, certains enfants vont jusqu'à frapper, mordre, griffer leur parent, jeter des objets, casser le camion de leur frère, voire carrément «marcher» sur leur petite sœur!

Toutefois, l'enfant qui fait un caprice ne s'exprime pas toujours en faisant une grosse colère. Certains ne font pas de «bruit»: ils se contentent de bouder. Ils savent alors très bien faire ressentir à leur parent leur dépit et leur mauvaise humeur. Ces bouderies mettent tout autant à l'épreuve le sang-froid des parents qu'une grosse colère.

Beaucoup plus rarement, un enfant peut avoir une réaction très spectaculaire, appelée «spasme du sanglot». Sous l'effet de la colère, l'enfant s'étouffe, devient bleu ou très pâle et peut même perdre connaissance un instant. Il s'empêche de respirer mais ne maîtrise pas ce qui lui arrive. Dans l'immense majorité des cas, cette crise s'arrête d'elle-même dès que l'enfant a retrouvé son calme et sa sécurité intérieure.

Dresser pour éduquer

Rien d'étonnant à ce que le caprice ait été longtemps considéré comme une mauvaise graine qu'il fallait coûte que coûte empêcher de germer. Synonyme de désobéissance et d'irrespect, il mettait en danger l'autorité même des parents. Au XIXe siècle et jusque dans les années 1960, élever un enfant consiste à lui faire la morale et à le «dresser». La répression se pratique en toute bonne foi, «pour le bien» de l'enfant. On était alors convaincu qu'il devait être éduqué pour devenir un individu fort qui ne montre pas ses émotions. Les punitions destinées à mater les caprices étaient souvent humiliantes et faisaient la part belle aux châtiments corporels : fessée, coups de fouet ou de martinet.

On prêchait le mensonge pour obtenir la vérité et on tentait de prendre l'enfant au piège : «Tu mens, je le vois à ton nez qui s'allonge.»

Cette éducation où l'autoritarisme faisait loi développait la crainte de l'enfant pour le parent au détriment de la valeur, aujourd'hui reconnue bénéfique, des caresses et des câlins. Se laisser aller à être affectueux pouvait même être considéré comme une faiblesse parentale... L'adulte avait tout pouvoir et raison sur tout. L'enfant avait des devoirs et aucun droit. Pas question de parler à table, d'avoir des désirs, encore moins de les imposer. Certes, avec de telles méthodes, les caprices étaient en général éradiqués, même chez les plus rebelles. Mais à quel prix? L'enfant, soumis à la volonté de ses parents et parfois humilié, refoulait ses pulsions et ses émotions.

■ Des avancées mal interprétées

Fort heureusement, le statut de l'enfant a changé : celui-ci a acquis le droit d'exprimer ses émotions et ses désirs. Cette évolution s'est faite grâce à une meilleure connaissance de la psychologie de l'enfant. Elle s'est aussi nourrie de l'étude des relations précoces mère/enfant,

inspirée des recherches sur les relations d'attache-
ment chez les animaux. Aujourd'hui, on ne cesse de
découvrir les nouvelles compétences du nouveau-né
et de s'en émerveiller. Le bébé sait faire tant de
choses! Il est capable, entre autres, de distinguer les
sons, de reconnaître la voix et l'odeur de sa mère.
Désormais, on ne conteste plus que l'enfant soit une
personne avec des droits et même une sexualité. Il n'a
plus à obéir «au doigt et à l'œil», à tout apprendre de
ses parents. Il est acteur dans la relation unique qui le
lie à eux. C'est même lui qui crée ses parents, en suscitant et en répondant à leurs échanges. Dès sa naissance, il est un individu, potentiellement riche, apte à
s'adapter, guidé par le geste, la parole et le regard
chargé de tendresse de son parent.

Mais au fur et à mesure de leur vulgarisation auprès
du grand public, ces nouvelles connaissances ont parfois été mal interprétées. Après 68, en réaction à un
fort autoritarisme, on est passé d'un excès à un autre:
il était devenu «interdit d'interdire». On a confondu
la satisfaction des besoins de l'enfant, indispensable,
avec celle de ses désirs. Sous prétexte de ne pas le
traumatiser, il fallait tout lui permettre. L'enfant pouvait
n'en faire qu'à sa tête puisqu'il avait des droits, voire
tous les droits! L'enfant-roi n'avait plus qu'à régner...

De même, aujourd'hui, à trop valoriser sa singularité, on a peut-être perdu de vue l'essentiel du message transmis par les professionnels de l'enfance. L'enfant est, certes, une personne, mais une petite personne qui n'est pas l'égale de l'adulte, encore moins un petit chef de famille. Il a des droits, bien sûr, mais aussi des devoirs, comme celui d'accepter et de faire siennes les règles édictées par ses parents ou la société, et de respecter les interdits qui lui sont posés.

Vrais ou faux caprices?

Aujourd'hui encore, les préjugés sur les caprices ont la vie dure. Leurs prémices sont guettées et évoquées comme un mauvais pli qu'il ne faudrait surtout pas laisser s'installer. «Attention à ne pas trop le gâter», met en garde la grand-mère. «Ne le prends pas trop dans tes bras, il va devenir capricieux», dit-on à la jeune maman au retour de la maternité. L'enfant à peine né, son entourage s'inquiète déjà que son désir ne gouverne la maisonnée. Il pleure? Il s'agite et s'impatiente? C'est sans aucun doute qu'il commence à faire des caprices... Pourtant, avant 1 an, c'est une affirmation totalement infondée. Bien sûr, il n'est pas toujours facile de décoder les messages émis par son bébé et un parent peut alors naturellement penser qu'il fait ses premières scènes. Dans les premiers mois de sa vie, un bébé fait corps avec sa mère. Il a besoin d'être apaisé, calmé, sécurisé, porté, bercé. Le toucher, le contact, le «cœur à cœur» sont essentiels pour son équilibre.

Plus tard, entre 8 et 12 mois, les parents ont à nouveau des doutes: leur enfant, jusqu'alors souriant et sociable, gémit, éclate en sanglots dès que sa mère est sur le point de partir. Il refuse d'aller dans d'autres bras, se réfugie dans ceux de sa maman ou détourne la tête à la vue d'un étranger. Serait-il entré dans la spirale infernale des caprices? Là encore, les apparences sont trompeuses. De nombreux enfants vivent cette période que les spécialistes appellent l'«angoisse du huitième mois» ou encore angoisse de séparation. Le bébé se rend compte des départs de sa mère, mais il n'est pas encore sûr qu'elle reviendra. Il hurle lorsqu'elle s'éloigne parce qu'il craint de la perdre. Peu à peu, il comprendra que les personnes et les objets hors de sa vue ne disparaissent pas pour toujours. Tant que cette angoisse n'est pas dépassée par l'enfant, on ne peut pas parler de caprice. Cela ne signifie pas pour autant que des limites et des interdits ne doivent pas être mis en place après les tout premiers mois pour garantir sa sécurité.

▨ Rien de grave, docteur?

Redouté avant même qu'il ne s'exprime, le caprice n'est toutefois pas une maladie ou une tare. Bien au contraire. À doses non excessives, il est un signe de bonne santé. Il est avant tout l'expression du dynamisme de l'enfant et de sa vitalité. Un bout de chou sage comme une image, jamais bouteur et toujours obéissant, n'aurait aucune ressemblance avec... un enfant! Un petit qui va bien a un comportement égal à lui-même en dehors de ses périodes de caprices. Dans l'ensemble, il conserve sa belle humeur et son appétit de découvertes. Il sait aussi être souriant et paisible à d'autres moments de la journée.

Mais il est vrai que les parents confrontés à de violentes crises ne savent parfois plus très bien comment réagir. L'inquiétude pointe alors le bout de son nez: «Mon enfant est-il beaucoup trop capricieux?», «Qu'est-ce que cachent ses scènes?», «Est-ce anormal?». C'est sans doute le moment de recueillir un maximum d'informations pour tenter d'y voir plus clair et de l'aider à s'exprimer. Il peut être intéressant de discuter avec la nounou ou le personnel de la crèche pour connaître leurs impressions sur son comportement pendant la journée. Cela permet aussi de relativiser ses caprices par rapport aux autres enfants. On peut interroger la maîtresse pour savoir comment ça se passe à l'école si l'enfant est scolarisé. L'avis du pédiatre est également précieux. Il peut être intéressant de questionner les mères de ses copains pour savoir si elles ont noté des changements dans son attitude lorsqu'il est invité chez elles, de l'observer quand il joue au square. La plupart du temps, ce petit travail d'enquête efface bien des angoisses. Mieux encore: il permet de percevoir son enfant sous un jour différent et de dédramatiser la situation.

Cependant, si un caprice n'est pas pathologique d'emblée, il devient inquiétant s'il s'installe dans la durée et rend le quotidien insupportable et usant. Parents et enfants s'enferment alors dans un rapport de force dont ils n'arrivent plus à sortir. L'enfant va parfois se renfrogner au point de se replier sur lui-même, refuser de communiquer ou intérioriser ses pensées et son agressivité. Le petit «capricieux» peut aussi rendre la vie familiale impossible par des crises de colère ou de larmes incessantes plusieurs fois par jour. L'écoute proposée par des associations de parents peut aider les parents à retrouver confiance en eux. Si ce n'est pas suffisant, il devient alors nécessaire de consulter. Plus tôt sera traité le problème, plus il aura de chances d'être réglé facilement.

L'essentiel

■ Associés aux cris et aux pleurs, les caprices n'ont jamais eu bonne presse. Au XIXe siècle et jusqu'au milieu du XXe, pour en venir à bout, on préconisait une éducation fondée sur le dressage.

■ Les découvertes de la psychologie ont donné à l'enfant un statut de petite personne. Mal interprétées, ces avancées ont transmis l'idée erronée que tout était dû à l'enfant.

■ On ne peut pas parler de caprice avant 1 an. Un bébé a des besoins auxquels il faut absolument répondre. Vers 8 mois, il peut éprouver une angoisse particulière et se comporter en apparence comme un enfant «capricieux».

■ Un enfant qui fait des caprices exprime sa vitalité. Mais si le quotidien devient insupportable, il ne faut pas hésiter à consulter.

Chapitre 2
Des étapes clés

**Entre 2 et 6 ans, un enfant vit des étapes essentielles
de son développement. Sa conquête de l'autonomie,
sa maîtrise progressive du langage et son adaptation
à l'école vont l'aider peu à peu à mieux contrôler
ses pulsions et ses désirs, souvent sources de caprices.**

▓ Pas à pas vers l'autonomie

⇨ À moi, les découvertes !

S'il y a une période épuisante pour un parent, c'est
bien celle des premiers pas vers l'autonomie. Pas facile
de décoder la logique de son enfant entre 2 et 3 ans.
Il peut avoir des réactions et des attitudes qui vous
paraissent tellement insolites, extrêmes ou contradic-
toires ! Il veut boire dans un verre puis change d'avis,
et réclame une tasse… pour demander le contraire
une minute après.

C'est pas bientôt fini ce caprice ?

À partir de 18 mois et jusqu'à 3 ans environ, les enfants passent leur temps à tester leur environnement et à dire «non!». Ils vont s'opposer à leur père, à leur mère ou à toute personne contrariant leurs projets. «Qu'arrive-t-il soudain à mon petit rebelle?», se demande-t-on, à la fois perplexe et agacé. Rien de bien inquiétant: son comportement est avant tout la manifestation de sa transformation progressive, d'un besoin vital d'explorer un environnement devenu plus large et excitant grâce à la marche et au développement de son habileté. Dans sa phase d'exploration, il va tenter toute une série d'expériences sans forcément les renouveler. S'il fait une découverte, il ne l'intègre pas pour autant définitivement. Aujourd'hui, il se focalise sur son tee-shirt, le lendemain sur ses chaussures. Il s'approprie peu à peu des gestes nouveaux. Il exprime son dynamisme et son insatiable volonté de découverte du monde.

⇨ «Non» pour dire «oui»

Dès que l'enfant sait marcher, les interdits pleuvent: «Ne monte pas sur cette chaise», «Arrête de jouer avec l'interrupteur», «Ne ramasse pas ce caillou»..., mais l'intrépide secoue la tête et s'obstine. Il se braque parce qu'il ne veut pas se sentir soumis à la décision de son père, de sa mère ou d'une tierce personne. Pour affirmer qui il est et se distinguer de ses parents, il doit nécessairement passer par cette phase de confrontation vis-à-vis d'eux. Cette période d'opposition est plus subtile qu'elle ne paraît. D'après la psychanalyste Françoise Dolto, il faut comprendre «oui»... quand il dit «non»! Votre enfant s'oppose pour mieux s'approprier ce qu'on lui demande de faire. C'est «non, parce que tu me le demandes», mais c'est «oui, parce que je veux bien le faire, moi tout seul». S'il renonce à son refus d'obéir pour faire plaisir à ses parents, il met un frein à son élan d'apprenti autonome et de «grand» en devenir. Cette phase incontournable de conquête de son indépendance ne s'enracine pas en lui du jour au lendemain. Deux pas en avant, un pas en arrière : un enfant procède par allers et retours. S'il se dit par instants : «Maintenant je suis grand!», à d'autres moments, il pense : «Je suis si petit et si bien dans les bras de maman.»

⇨ Besoins entendus, caprices atténués

S'opposer n'est pas en soi un caprice, mais ce comportement peut dégénérer en véritable crise de colère, surtout si l'adulte veut coûte que coûte se faire obéir et avoir le dernier mot. L'enfant ne met pas en danger sa sécurité ou celle des autres ? Soyez donc le plus souple possible et évitez d'en faire un «drame». La distance que prennent les parents par rapport au non d'opposition, leur confiance en lui, leur contrôle bienveillant et l'expression de leur fierté – «Bravo, tu as essayé!» – l'aident à gagner pas à pas son indépendance. En accompagnant ses découvertes d'un regard qui sait à la fois contenir quand il le faut et autoriser chaque fois que c'est possible, en fonction de son âge et de ses aptitudes, vous l'aiderez à franchir cette étape d'affirmation de soi et de recherche de son identité.

Si vous entendez et soutenez le besoin d'autonomie de votre enfant, ses caprices seront atténués. Celui-ci sera plus disposé à se plier aux règles, à respecter les interdits et à mettre un bémol sur son humeur capricieuse. Il ne sera pas tenté de prendre le moins de risques possible. Cette période du «non» s'accompagne aussi de nouvelles demandes, de désirs imprévus qui ne devraient pas être interprétés comme des caprices. Ils correspondent à des besoins qui ont un sens, et non à des envies destinées à faire «enrager» maman ou papa. Même s'il a une petite veilleuse, un enfant peut par exemple vouloir dormir la porte ouverte. Il est bon d'accepter ces rituels qui le sécurisent à un moment où il prend des risques et ne sait pas encore mettre des mots sur ses émotions.

 Il commence à parler

Plongé dans un bain de langage, le bébé entend le ton et les mélodies des voix qui lui parlent, en particulier celle de sa mère. Il perçoit les mimiques et les émotions. En lui parlant comme à une petite personne le plus tôt possible, ses parents vont lui permettre d'instaurer peu à peu une bonne communication. La parole apaise et nourrit intellectuellement. Plus tard, grâce au langage, l'enfant peut nommer ce qu'il voit. Bientôt, l'éveil de sa curiosité lui fera poser mille questions à son entourage, ponctuées d'interminables «Pourquoi».

Un enfant ne peut se faire entendre et comprendre qu'avec les moyens dont il dispose. Il crie, hurle, gesticule tant que parfois vous le passeriez bien par la fenêtre... Et pourtant, le caprice est en quelque sorte, pour lui, une forme de communication. Il parle avec son corps à défaut de pouvoir s'exprimer en ordonnant des mots et des phrases. Formuler la réalité l'amène à mieux contrôler sa personne et le monde qui l'entoure. Tant qu'il n'a pas un usage fluide de la parole, un jeune enfant s'énerve encore facilement et reste très impulsif. Il est un concentré d'enthousiasme et d'énergie: son aptitude à partager, à attendre ou à céder est fortement réduite.

C'est pas bientôt fini ce caprice ?

Votre rebelle va aussi mettre du temps à intégrer les notions de temps et d'espace – avant, après; hier, demain; dessus, dessous – qui lui permettront de se repérer. Il vit dans l'instant et parfois dans plusieurs présents à la fois, sans pouvoir encore se situer par rapport au temps des adultes. Pour lui, faire un choix simple et s'y tenir est parfois extrêmement difficile. Il est soumis à des dilemmes insolubles. Thomas ne veut pas sortir du bain parce qu'il aime barboter dans l'eau mais dans le même temps il aimerait rejoindre son frère qui joue dans leur chambre... Pour se faire comprendre, un enfant doit impérativement apprendre à mettre ses idées en ordre. Par la parole, ses parents vont l'aider à faire le tri dans sa pensée et dans ses désirs. Il va réaliser qu'on ne peut pas tout faire ou tout avoir à la fois. Maîtriser ses mouvements instinctifs, renoncer à un caprice en repoussant une envie immédiate exige un très gros effort de sa part. Mais à partir du moment où il entre à la maternelle, vous n'en reviendrez pas: votre petit écolier va gagner en assurance et en maturité.

L'entrée à l'école maternelle

⇨ Un changement important

L'école amène le jeune enfant à grandir en le confrontant à une réalité nouvelle. Le passage au statut d'écolier est un événement essentiel dans sa vie. Sa première année de maternelle et les suivantes vont conduire ses pas vers plus d'autonomie et développer ses apprentissages. En même temps, vous sentirez bien que tout n'est pas toujours rose pour lui. Il va se trouver confronté à de nouvelles situations et des enjeux parfois difficiles à vivre. L'enfant n'occupe pas à l'école une place aussi centrale qu'à la maison. Pour lui, la maternelle est l'une des toutes premières occasions de vivre en société. Bien sûr, vous êtes ravis de le voir prendre de l'assurance : la vie en collectivité le pousse à composer avec les autres, à écouter et à évoluer dans un espace commun. Mais une fois scolarisé, il doit aussi intégrer d'autres règles, partager une maîtresse avec une ribambelle d'écoliers et respecter des consignes, attendre son tour par exemple. Ses journées sont ponctuées d'événements forts et répétitifs : le moment plus ou moins angoissant pour lui où on le dépose à l'école, les temps d'apprentissage, les récréations, le temps de la cantine et l'heure de la sortie.

C'est pas bientôt fini ce caprice ?

Chaque enfant a sa propre manière de se comporter face à ce bouleversement. Certains ne pourront intégrer toutes ces contraintes sans réagir plus ou moins vigoureusement, ce qui passe parfois par l'expression de caprices. Un enfant refusera par exemple d'aller dans le rang avec les autres. Dans la classe, sans aller jusqu'à se replier sur eux-mêmes, d'autres vont bouder et ne voudront pas participer aux activités scolaires pendant quelque temps. Si votre enfant adopte ce type d'attitude à son entrée à la maternelle, inutile de vous affoler. Il exprime simplement son besoin d'observer ce qui se passe autour de lui, le temps de s'adapter à ce nouvel environnement.

⇨ De la résistance dans l'air

Marqué par le bruit et l'effervescence caractérisant la vie en collectivité, le rythme des longues journées passées à l'école reste pesant pour un jeune enfant qui doit trouver ses marques dans un territoire inconnu, plus ou moins en décalage par rapport à son environnement familial. Selon le discours qu'on lui aura tenu, positif – «C'est super, tu auras des copains, une gentille maîtresse!» – ou moins enthousiaste – «Fini la belle vie, maintenant c'est sérieux» –, il se sentira plus ou moins en confiance dans son statut d'écolier. Plongé dans la «jungle» qu'est la cour, il peut désormais se confronter plus fréquemment à ses pairs, mais aussi à des plus grands. Il va devoir négocier, passer des alliances, se montrer parfois un peu plus agressif. Il va aussi imiter des comportements jusqu'à présent inédits chez lui. Tout à coup, vous pourrez avoir l'impression que votre enfant vous échappe… À juste titre. Peu à peu, il s'approprie une vie à lui, en dehors du cercle familial. Beaucoup d'enfants ne parlent pas de leur journée ni de ce qu'ils font à l'école. Pourtant, anxieux ou curieux de savoir si cela s'est bien passé, leur papa ou leur maman ont parfois hâte de les questionner sans réaliser que l'instant des retrouvailles n'est pas le moment le plus opportun pour le faire : «Qu'est-ce que tu as fait de beau aujourd'hui avec ta maîtresse ? Qu'as-tu mangé à la cantine ?» En confiant pour la première fois à une institution et à une maîtresse celui qui reste encore un peu leur bébé, les parents ont eux aussi franchi un cap. Mais l'enfant peut vivre cet intérêt légitime du parent à son égard comme une intrusion dans son monde. Face à leurs sollicitations, il se sent parfois sous pression. Il risque d'exploser apparemment pour un rien… Si votre enfant ne vous raconte pas sa journée, c'est qu'avant de pouvoir s'exprimer, il a besoin d'un sas entre sa vie à l'école et le retour au rythme de la maison. À la fin de la journée, il goûte avant tout le bonheur et l'émotion de vous retrouver. Finalement, il faut parfois bien peu de chose pour débloquer une situation. Si vous exprimez votre joie de le revoir et si vous prenez le temps de raconter votre propre journée, cela suffira sans doute à éviter une scène et suscitera les confidences spontanées de votre petit écolier.

▒ Amoureuse de papa, amoureux de maman

«Quand je serai grand, je me marierai avec maman»; «Mon amoureux, c'est papa». Ces petites phrases qui peuvent faire sourire mais que vos enfants prononcent avec conviction sont loin d'être anodines. Elles sont l'une des expressions d'une période clé pour la construction de leur personnalité, appelée la «phase œdipienne», au cours de laquelle les caprices peuvent être attisés. Selon la théorie psychanalytique, entre 3 et 6 ans environ, la petite fille développe une passion exclusive pour son père et veut à tout prix monopoliser son intérêt. Parallèlement, elle est en opposition avec sa mère qu'elle entrevoit comme une rivale et tente d'isoler. Le petit garçon va développer les mêmes pensées vis-à-vis de sa maman et essayer de la «séparer» de son père. Si vous veillez alors à ne pas former un couple fusionnel avec votre enfant, vous éviterez toute confusion dans son esprit et n'attiserez pas ses velléités de caprices. Il est essentiel d'énoncer clairement à son enfant cet interdit universel: «Non, tu ne peux pas épouser ton papa ou ta maman», en l'adoucissant par ces paroles: «Mais tu te marieras plus tard avec la personne de ton choix.»

Évidemment, tout n'est pas sujet à caprices pendant cette étape de développement. Cependant, l'enfant fait du charme au parent du sexe opposé et peut rendre la vie infernale à l'autre. Votre fille de 4 ans fait sa forte tête, pleurniche beaucoup, réclame à cor et à cri ce qu'elle ne peut obtenir dès qu'elle est seule avec vous. Mais il suffit que votre compagnon rentre le soir pour que le petit démon se transforme en ange. Bien sûr, il y a de quoi lui en vouloir: votre «chipie» a été odieuse toute la journée avec vous… et la voilà si calme et si agréable avec son papa! Les sursauts d'agressivité d'un enfant à l'égard du parent de sexe opposé sont un passage normal et obligé. Cette phase de conflit intérieur n'est pas évidente à vivre pour lui. Il ressent de la culpabilité à l'égard du parent qu'il repousse. Mais il a beau vous rejeter, il continue à vous aimer. Tout en vous jalousant, il n'a qu'une envie: vous imiter et s'identifier à vous. Certains petits garçons exigent que seule leur maman leur donne le goûter, des petites filles accepteront uniquement que leur papa leur lave les cheveux. Mais si votre petite coquette tente de séduire son papa, elle veut aussi mettre des barrettes «comme maman». Et si votre garçon est jaloux de son papa, il voudra cependant les mêmes clés de voiture que lui.

Son identité sexuelle s'exprime

L'identité sexuelle de la fille et du garçon s'affirme durant cette phase œdipienne. Même si leurs mères sont toujours en pantalon, les petites filles aiment bien les robes «qui tournent». Elles comprennent que leur sexe est différent de celui des garçons et qu'elles pourront porter un bébé dans leur ventre plus tard. De son côté, le petit garçon acquiert aussi la conviction que son phallus servira à la procréation. Cependant, certaines idées fausses peuvent s'ancrer dans leur tête. Une petite fille peut s'opposer à ce qu'on lui coupe les cheveux de peur de devenir un garçon. D'où l'importance d'apporter, au fil de leurs questions, des réponses vraies sur les origines de la vie. La sexualité d'un enfant n'apparaît pas soudainement à 3 ou 4 ans. Selon la théorie psychanalytique, elle est présente dès sa naissance. L'enfant recherche très tôt à satisfaire son plaisir.

Au premier stade dit «oral», tout passe par la bouche. Il a plaisir à sucer le sein ou la tétine. Son excitation est apaisée grâce à la succion. Plus tard, il découvre qu'il aime mordre à pleines dents. Puis il passe au stade dit «anal». Votre enfant développe une réelle attirance pour le désordre et la saleté. Il a alors pris conscience de sa capacité et de sa jouissance à expulser ses selles ou à les retenir. Pendant sa période d'acquisition de la propreté, n'hésitez pas à l'autoriser à se salir dans des proportions normales, à manipuler la pâte à modeler ou le sable, à patouiller avec la peinture ou encore à faire sa petite vaisselle. Vous apportez ainsi un substitut à ce plaisir qu'il aurait à jouer avec ses excréments et l'aidez à canaliser ses pulsions. En lui accordant plus d'autonomie et en cédant un peu plus sur certaines de ses demandes, il acceptera mieux la frustration et l'interdit qui lui sont imposés. Il se sentira gratifié et ravi d'avoir pu réaliser avec plaisir une foule de petites choses.

Retour au calme

Votre enfant a acquis la propreté de jour comme de nuit. Il a expérimenté et développé ses capacités motrices. Il sait que sa mère ou son père ne peut pas être l'objet de son désir amoureux. Vers 7 ans, il ne vous impose en général plus un rythme soutenu de caprices. Vous pouvez enfin souffler! Après 6 ans, un enfant est beaucoup moins assailli par les passions et les pulsions de sa petite enfance. Il prend de la distance par rapport à ses parents, il grandit, il fait l'épreuve de la réalité. Après avoir traversé des phases d'excitation affective très forte, il va se tourner vers la connaissance. Il est prêt à s'investir dans des savoirs très divers et sa curiosité naturelle se développe. Heureusement, si un enfant s'est montré particulièrement capricieux dans sa petite enfance, on ne peut en conclure que les années à venir seront éprouvantes pour ses parents. Il ne leur en fera pas forcément voir de toutes les couleurs au moment de sa crise d'adolescence!

L'essentiel

Quand un enfant s'oppose, il n'exprime pas d'emblée un caprice mais cherche d'abord à s'affirmer en tant que personne.

Sa maîtrise progressive du langage l'aide à ordonner ses pensées et à contrôler ses pulsions.

■ L'école contribue à développer son autonomie. Son adaptation à cet univers inconnu peut indirectement susciter des caprices souvent liés à ces angoisses.

■ L'enfant a une sexualité qui s'exprime dès sa naissance. Pendant la phase œdipienne, entre 3 et 6 ans environ, il rejette le parent du sexe opposé et tente de séduire l'autre parent. Son agressivité et la fréquence de ses scènes peuvent en être exacerbées.

■ Par moments, un enfant imite l'un ou l'autre de ses parents, est en rivalité avec lui ou s'identifie à lui.

■ À 6-7 ans, une fois passées ces périodes de conflits intérieurs, il a intériorisé certains interdits et ses caprices s'atténuent.

Chapitre 3
Mais pourquoi toutes ces scènes?

**Un événement, une situation particulière ou une émotion,
crée souvent l'étincelle qui met le feu aux poudres
dans la tête d'un enfant. Sa personnalité et son rang
dans la famille vont aussi modeler ses explosions
de cris et de larmes.**

▧ Inégaux face aux caprices

C'est une évidence: les enfants ne sont pas égaux en
caprices. Chacun d'entre eux a une personnalité propre,
un caractère plus ou moins affirmé et des comportements très différents selon les contextes ou les situations.
Un enfant est coléreux? Peut-être sa mère ou son
père l'était-il aussi au même âge. En interrogeant les
grands-parents, on peut mieux comprendre les réactions

explosives de son enfant. S'il fait un caprice, sa personnalité n'est pas seule en cause. La vie de ses parents,
les périodes plus ou moins fastes qu'ils traversent, vont
souvent influencer ses réactions et ses comportements.
Un petit «dur» qui donne des coups de pied de rage de
ne pas avoir obtenu ce qu'il voulait sera qualifié d'«agressif» ou de «violent». Tandis qu'une fillette sera plutôt trai-
tée de «chipie» ou de «peste». On dira plus volontiers que
la fille «fait un caprice» et que le garçon «fait une
colère». Mais, quel que soit son sexe, si l'étiquette «capricieux» est systématiquement appliquée à un enfant,
celui-ci se persuadera lui-même de son humeur instable.
«Il est vraiment trop gâté. Pas étonnant qu'il soit si capricieux.» Cette affirmation mille fois usitée s'est imposée
au bon sens commun. Selon cette logique, l'enfant
unique serait potentiellement plus capricieux que les
autres. Étant le seul «héritier» de la famille, il est censé
recevoir plus de cadeaux et d'attentions de la part de
son entourage. Pourtant, la réalité est plus nuancée. En
effet, un enfant unique pratique en général plus d'activités et reçoit des jouets en plus grand nombre. Mais
celui-ci a un poids considérable sur les épaules: l'attention de ses parents se focalise sur lui seul. Il ressent cette
pression et cette exigence à son égard: cela risque ou
non – selon son tempérament plutôt passif ou rebelle –

de provoquer une montée en puissance de caprices. Cela dit, il peut être aussi enfant unique du couple tout en étant très autonome et respectueux des autres.

▓ Il se sent tout-puissant

Un rapport de force peut s'installer très tôt entre un enfant et ses parents. Et pour cause : les tout-petits ont l'irrésistible envie de dominer, d'égaler leur père ou leur mère et d'avoir le dernier mot. Ils ne voient pas pourquoi leurs parents les empêcheraient d'obtenir ce qu'ils veulent et y mettent toute leur énergie. À ce jeu, certains réussissent parfois le tour de force d'inverser les rapports de pouvoir entre eux et leurs parents. On a alors l'étrange impression que dans leur famille ce sont eux qui dictent les règles...

Un petit enfant a une logique très particulière : il veut tout posséder dans l'instant mais prêter le moins possible. Jusqu'à 3 ou 4 ans, il s'identifie aux objets qu'il possède. Il croit que s'il prête ce qui lui appartient, il perd une partie de lui-même. Alors qu'il ne se sépare pas de ses propres affaires sans protester ou piquer une colère, il est souvent tenté de prendre le seau ou la pelle d'un autre enfant..., qui fait à son tour une scène terrible !

Tourné sur lui-même, le tout-petit doit renforcer son narcissisme avant d'arriver à plus de maturité et de discernement. Jusqu'à 5 ans environ, son univers reste très manichéen: des gentils et des méchants, des faibles et des forts. Évidemment, il veut à tout prix être du côté des costauds. Si ses intentions sont contrariées, il laisse alors libre cours à son agressivité et à ses caprices. Il découvre ainsi qu'il n'a pas le pouvoir d'exercer sa volonté sur les autres ni de maîtriser les événements. Il va lui falloir renoncer à ce sentiment de toute-puissance qui l'anime. Il prend peu à peu conscience qu'il y a une loi et des règles à respecter. Les parents l'accompagnent dans ce renoncement et le sécurisent en imposant des limites ou un terme à l'expression de sa toute-puissance. Grâce à leur aide et à leurs soins, l'enfant acquiert le sens du danger et apprendra progressivement à raisonner par lui-même.

▓ Il se sent frustré

«Tu n'es plus ma maman!» Lise, 4 ans, voulait tant cette poupée à la robe argentée mais sa maman refuse de la lui acheter. Elle se sent tellement frustrée de ne pas avoir eu ce jouet qu'elle ne contrôle plus sa colère.

On peut se sentir désolé pour son enfant en assistant à ce flot d'émotions qui le submerge. On va parfois jusqu'à trouver une compensation pour essayer de gommer sa frustration. Pourtant, cette expérience est nécessaire et même bénéfique pour lui. La recherche du plaisir immédiat n'est pas adaptée aux dures réalités du monde qui l'entoure. Ce n'est qu'après 4 ans qu'il sera capable d'admettre que la satisfaction de ses désirs soit remise à plus tard, voire qu'elle ne soit jamais possible. Le sentiment de frustration lui permet de développer ses capacités d'adaptation, lui donne une sécurité intérieure et lui apprend à attendre. Un enfant frustré sans excès réalise qu'on ne peut pas avoir raison sur tout. C'est ainsi qu'il s'initie à la confrontation pour s'en sortir au mieux dans les situations de conflit.

Selon le pédiatre Donald Winnicott, il est essentiel que les enfants règlent eux-mêmes les conflits souvent douloureux entre leur vie imaginaire et les contraintes de la réalité extérieure. Un enfant fait peu à peu un véritable travail de désillusion. Il va découvrir qu'entre son monde intérieur et le monde extérieur il n'y a pas forcément une coïncidence parfaite. Une grande partie des rages et des colères de la petite enfance provient de ce décalage entre réalité extérieure et réalité intérieure. Mais il est important qu'un enfant ne vive pas ses frustrations comme quelque chose de dirigé contre lui ou destiné à l'humilier, le briser ou l'affaiblir. Dans une famille nombreuse, les derniers ont souvent la tentation de vouloir imiter les plus grands. Exaspérés par leur impuissance à les copier, ils se sentent inférieurs aux aînés et vivent mal leur incapacité momentanée à ne pas pouvoir faire aussi bien, aussi vite, aussi fort. Tout peut alors devenir prétexte à exprimer cette rage de ne pas se sentir à la hauteur. Heureusement, on peut faire comprendre aux jeunes enfants que s'ils ne peuvent égaler leur grand frère, leur grande sœur, leur père ou leur mère, ils sont capables au quotidien de faire bien d'autres choses plus en accord avec leur âge et leurs capacités. En jouant à cache-cache avec les grands par exemple, les petits malins seront les seuls à pouvoir se faufiler sous une petite table, une cachette inaccessible à leurs aînés.

Il cherche des repères

Un enfant se fabrique toujours une représentation de sa famille dans son imaginaire. Ses parents sont d'abord ceux qui le nourrissent et répondent à sa sécurité. Il «sait» que son père est censé incarner l'Autorité plus que sa mère. Petit à petit, il s'élabore un portrait psychologique des membres de sa famille. Ses demandes et ses caprices ne seront pas les mêmes selon qu'ils sont dirigés vers son père ou vers sa mère. Un jeune enfant connaît très bien ses chances d'obtenir ou non ce qu'il veut de l'un ou de l'autre. Il sait quels sont les domaines réservés à chacun, leurs petites failles, et n'hésite pas à en jouer. Cette carte des repères que les enfants se dessinent varie en fonction de chaque famille. Certains auront besoin d'une plus grande fermeté alors que beaucoup plus de souplesse et de concessions seront possibles avec d'autres. Votre enfant expérimente tous les chemins qui orientent votre relation à lui. Il ne cherche pas seulement à identifier les repères définis par votre autorité. Il vous teste aussi pour cerner l'image que vous lui renvoyez de lui-même. Il est attentif à tous les indices, mots, regards ou gestes qui lui racontent vos valeurs mais aussi votre plaisir et votre fierté de l'avoir mis au monde.

▧ «Papa, maman, j'existe!»

Pour un jeune enfant, un caprice peut être aussi une manière d'envoyer des signaux d'appel et d'attirer l'attention de ses parents. Le paquet de bonbons qu'il réclame chez l'épicier n'est qu'un prétexte pour attirer votre regard sur lui et se voir confirmer encore et encore votre affection. Tout à coup, il peut se mettre à parler moins bien ou à bégayer, à refaire pipi au lit ou à ressortir ses tout premiers doudous. Il veut ainsi vérifier qu'il ne pourra pas revenir en arrière. Il a envie d'entendre : «Tu as grandi, tu ne pourras pas redevenir un bébé.» Il est essentiel de se montrer tolérant et patient pour lui redonner confiance en lui.

Il peut arriver encore qu'un enfant ne vive pas bien ce qui se passe dans sa vie. Ses caprices sont alors à décoder comme des appels à l'aide. La liste de ce qui peut potentiellement le perturber est longue : il n'a plus les mêmes habitudes alimentaires, il doit s'habiller différemment, son père ou sa mère change de travail, ses parents ont appris une mauvaise nouvelle, son grand-père est malade, il entre à l'école maternelle, sa maîtresse a une remplaçante, un très bon copain déménage...

Lorsqu'un enfant perçoit des tensions entre ses parents, il a souvent peur de perdre leur affection ou de ne pas en être digne. Dans les cas extrêmes, il peut aller jusqu'à ressentir un mal-être si profond qu'il va menacer ses parents de quitter la maison ! Cependant, en général, son réflexe est d'occuper le terrain. Inconsciemment, il va donner à ses parents du fil à retordre pour les focaliser sur ses problèmes à lui.

Dans sa logique d'enfant, il les détourne ainsi de leurs propres soucis. Pour atteindre ce but, tous les moyens sont bons. En étant capricieux, il entretient leur anxiété et leur culpabilité pour les ramener à lui. S'il ressent un moment de déprime chez l'un de ses parents ou si le couple se dispute violemment, un enfant s'accuse: «C'est forcément à cause de moi.» Il va penser qu'il a fait quelque chose de mal ou qu'il n'a pas répondu à l'attente de son père ou de sa mère. Ses parents sont loin d'imaginer l'énergie qu'il va alors dépenser pour les protéger et les sentir à nouveau forts.

À travers ses caprices, l'enfant attire le regard de ses parents sur lui tout en leur délivrant le message de son désarroi. La mère de Marie, 4 ans, est submergée de travail et rentre plus tard à la maison, en ce moment. Dès qu'elle arrive, sa fille pleurniche à la moindre contrariété. C'est sa manière à elle de dire: «Je voudrais tant que tu t'occupes plus de moi en ce moment.» Un enfant a besoin qu'on lui accorde du temps. Mais il faut pourtant bien se faire une raison et accepter cette situation sans culpabiliser pour autant. On ne peut pas toujours avoir tout le temps qu'il voudrait et que l'on voudrait lui donner. L'important est de partager pleinement les moments passés ensemble.

Il se «venge» ou il ne voit pas d'autre issue

Depuis que son père est parti pour un séminaire de travail, Louis, 5 ans, refuse d'obéir à sa mère. Il ne met pas son pyjama quand elle le lui demande ou joue au ballon dans tout l'appartement alors que cela lui est interdit. Il multiplie les caprices parce qu'il en veut à son père de ne pas être à la maison... Certains enfants ne ratent pas une occasion de vous faire payer vos retards ou votre absence à grand renfort de caprices. Loin de s'imaginer l'«esprit de vengeance» qui les anime, les parents ne comprennent pas toujours leurs réactions. Encore plus déroutant: les caprices d'un enfant qui se sent «piégé» et qui ne voit pas d'issue à la manière dont il pourrait se sortir d'un mauvais pas. Une situation toute banale peut ainsi complètement dégénérer. Aurélie a cassé un verre dans la cuisine, mais elle nie totalement cette bêtise et accuse le chat. Elle sait que ses parents ne sont pas dupes. Elle voudrait tant sauver la face, mais elle se sait dévoilée. Malgré tout, elle s'entête à ne pas avouer la bêtise qu'elle vient de faire. Face à une telle impasse, elle n'a plus d'autre ressource que de piquer une terrible colère et hurler sa rage... Un enfant peut aussi avoir envie de reproduire un comportement qu'il a observé à l'école ou en famille. Pour peu qu'il en soit empêché par son parent, il sera tenté de faire la tête pour lui faire payer son attitude !

Peurs, lubies et pudeur

Il existe des peurs à tout âge mais elles prennent des formes différentes selon le stade de développement d'un enfant. Tout petit, il a peur des inconnus. Un peu plus tard, des monstres ou des sorcières viennent hanter ses nuits. Si votre enfant fait un caprice parce qu'il veut continuer à jouer à 9 heures du soir, c'est peut-être qu'au fond de lui il redoute l'heure où il n'y aura plus de lumière dans sa chambre. À 4 ans, un enfant gagne de l'autonomie et devient plus sociable. Plus il apprend de choses, plus le cercle de ses peurs s'élargit et plus il aura besoin de se rassurer. Il peut alors donner l'impression d'être maniaque : il ne supporte pas que son pull le gratte, que le col de sa chemise ne soit pas ouvert ou que le nœud de sa robe ne soit pas fait d'une manière précise.

Une poussière tout à fait quelconque flotte sur l'eau de son bain..., et votre enfant sort précipitamment de la baignoire, refusant à tout prix d'y retourner ! Dans ces moments, on peut être agacé par leur comportement et on a l'impression qu'ils en font une tonne pour trois fois rien. En fait, les enfants ont des réactions que l'on associe à des lubies mais qui cachent parfois une peur profonde et le besoin de se rassurer.

Parallèlement aux angoisses qu'il développe, un enfant, de 2-3 ans environ, prend conscience de son identité sexuelle et commence à ressentir un sentiment de pudeur. Quelques mois auparavant, Nicolas courait tout nu dans le salon, désormais, lorsqu'il se change à la plage, il lui faut absolument avoir sa serviette enroulée autour de la taille. Dans la tête des enfants, des émotions et des craintes très diverses se bousculent. À la maternelle, certains vont vigoureusement refuser d'aller aux toilettes parce que cela les dégoûte. D'autres se retiennent par pudeur ou par peur parce qu'ils n'avaient jamais vu de toilettes miniatures. Plus ou moins importantes selon la personnalité de votre enfant, ses lubies, ses peurs momentanées ou sa pudeur naissante sont normales et l'aident à se construire. Cependant, il faut prendre garde à ne pas les banaliser ou les encourager. En parler trop ou enfoncer le clou – «Tu as bien regardé si la petite bête qu'il y avait dans ton bain était encore là» – l'installe dans sa peur. Or, plus on s'attache à se focaliser sur ces comportements ou à les juger – «Ce n'est rien, espèce de poule mouillée» –, plus on va le faire douter de ses compétences. Sa peur du ridicule gagne du terrain et il peut se convaincre qu'il n'arrivera pas à devenir grand. De quoi alimenter bien des caprices!

▓ Il est épuisé ou il a un chagrin

Lorsque ses batteries sont à plat, votre enfant s'énerve vite et s'oppose pour un rien: il se lance dans de longues crises de pleurs ou de colère apparemment pour presque rien. Vous sentez bien qu'il a dépassé ses propres limites: son rythme a été perturbé la veille parce que toute la famille était invitée chez des amis et il n'a pas suffisamment dormi la nuit dernière; il a été inscrit à la creche et doit s'adapter à la vie en collectivité; il a fait un grand et long voyage avec vous; vous avez dû gérer un imprévu et l'aviez casé tant bien que mal à droite ou à gauche.

La fatigue est l'une des causes les plus fréquentes de caprices. Mais d'autres raisons peuvent passer plus inaperçues. Un enfant a eu récemment un gros chagrin? Il a par exemple perdu un doudou auquel il tenait plus que ses parents ne l'imaginaient? Et voilà qu'il pleure et tape du pied dans un magasin de jouets pour réclamer une peluche que vous ne souhaitez pas lui acheter mais qui, au fond, lui rappelle tant la sienne... Il peut aussi être triste parce qu'il n'est pas content de lui et pense avoir déçu ses parents ou encore parce qu'il a changé de nounou: il regrette celle qu'il avait avant. Autre bonne raison pour lui d'être chagriné: son père a changé de travail et il a du mal à s'habituer à ce qu'il ne soit pas là comme à son habitude à l'heure du dîner.

Lorsque son enfant est épuisé ou a un gros chagrin, il est possible de faire baisser la tension en étant plus détendu soi-même et en tentant rapidement de le consoler. On peut lui proposer son doudou ou sa tétine pour lui faire retrouver des sensations agréables. Quelques mots suffisent parfois à apaiser sa tristesse ou sa fatigue. Votre compréhension est alors votre meilleur atout. On peut lui dire: «Je vois bien que tu as beaucoup de chagrin», ou encore: «Je sais que tu es très fatigué, la journée a été difficile pour tous». Il se sentira compris et il sera rassuré en ressentant l'amour que vous lui portez.

Cependant, chassez vos illusions: ce n'est pas en tordant le cou à la cause supposée d'un caprice qu'on y met fin. Derrière une grosse crise ou une bouderie, il n'y a pas en général une seule explication mais plusieurs qui sont plus ou moins évidentes à trouver. Un enfant au tempérament anxieux, fatigué par sa journée, qui vient d'avoir un petit frère ou une petite sœur et qui change de nounou aura bien des raisons d'être capricieux !

L'essentiel

▓ Face à une même situation, chaque enfant va réagir en fonction de sa propre personnalité et de son entourage familial.

▓ Un caprice est pour lui le moyen de lancer un appel ou de délivrer un message. Il peut avoir une seule cause mais en associe généralement plusieurs.

▓ Un enfant qui fait un caprice peut rechercher des repères qui le sécurisent. Il exprime aussi souvent un sentiment de toute-puissance ou des frustrations qui le préparent à sa vie d'adulte.

▓ Le caprice peut avoir pour but d'attirer l'attention de ses parents et de les «protéger» de leurs soucis, être l'expression de sa vengeance ou du sentiment de se trouver dans une impasse.

C'est pas bientôt fini ce caprice ?

Ses peurs et sa pudeur dérapent parfois en caprices. Mais celles-ci doivent être respectées pour préserver sa confiance en lui.

Les caprices surgissent d'autant plus facilement qu'un enfant est fatigué. Qu'il soit épuisé ou chagriné, il a besoin dans les deux cas d'être rassuré.

Chapitre 4
Entre frères et sœurs

Pour occuper la «plus belle place» dans le cœur de leurs parents, frères et sœurs multiplient leurs caprices.
Ils ont besoin d'être reconnus dans leur statut de grand, de cadet ou de dernier.

■ À chacun sa place

Quoi que vous fassiez, la lutte entre vos enfants pour monopoliser votre amour est inévitable. Les parents dépensent parfois une énergie folle pour tenter d'être justes avec chacun d'entre eux. On fait un petit cadeau à l'un et à l'autre, on joue avec lui à chat perché, puis avec elle à la poupée. Et pourtant, malgré tout, frères et sœurs se disputent et vont même jusqu'à se taper dessus. De quoi baisser les bras ! En fait, la jalousie entre frères et sœurs d'une même famille et les caprices qu'elle engendre sont tout à fait logiques si on se place du côté de l'enfant. Tous ont la même crainte : celle d'être moins aimé que l'autre, de tenir moins de place dans le cœur de leurs parents. D'ailleurs, à leurs yeux, à tort ou à raison, les preuves de favoritisme ne manquent pas. On a beau avoir les meilleures intentions du monde, on n'enlèvera pas de la tête d'un enfant cette impression d'avoir été floué à un moment ou à un autre. Bien sûr ce n'est pas juste de devoir prêter son ours préféré à son petit frère ou de rester à la maison alors que l'aîné va voir un match de foot avec son père. L'essentiel est que votre enfant sache que la vie comporte une part d'injustice, mais qu'il occupera toujours une place unique dans sa famille. Aîné, cadet, dernier : il n'existe pas de position plus facile à vivre qu'une autre. Il est impossible et utopique de vouloir donner exactement la même chose à tous. Mais il est indispensable de rappeler régulièrement la place de chacun. Quel que soit son rang, un enfant doit en être fier et s'y sentir respecté. L'aîné restera toujours l'aîné même si, en son absence, à l'occasion d'un séjour en colonie de vacances par exemple, le cadet peut provisoirement prendre le statut de grand au sein de la famille. Les enfants d'une même fratrie ont très souvent leurs petites habitudes. Chacun peut avoir une place réservée à table. Si un enfant souhaite échanger la sienne contre celle de son frère ou de sa sœur, c'est l'occasion de souligner que si changer de place reste négociable, changer de rang est impossible. On peut dire: «Aujourd'hui, c'est d'accord, tu t'assieds là, mais tu sais bien que ton frère aîné reste ton aîné. Chacun de vous a une place unique dans nos cœurs.» Dans le cadre de ce respect mutuel, chaque enfant peut être incité, par ses parents, à faire un pas vers l'autre pour ne pas figer une situation et développer sa capacité à s'y adapter. Cependant, si c'est la guerre déclarée au moindre petit changement entre frère et sœur, on peut inventer d'autres manières de fonctionner. Par exemple: fabriquer des calendriers qui précisent les tours de rôle ou établir un tirage au sort. Respecter la place de chacun passe tout aussi bien par les paroles échangées, les gestes et les activités partagées. Dire à son aîné: «Je ne peux plus te bercer mais je l'ai beaucoup fait avec toi quand tu étais petit», le conforte dans sa place de grand tout en lui rappelant qu'il a lui aussi été petit.

Selon son rang, chacun d'eux va communiquer d'une façon particulière avec les autres, suscitant parfois des scènes et des caprices à vous donner envie de les passer par la fenêtre! Il est bon de les inciter à avoir chacun un centre d'intérêt différent pour éviter les prises de bec, surtout pour les enfants casaniers qui ont tendance à préférer le cocon de la maison au square. Attention aussi à ne pas rajouter de l'huile sur le feu en attisant leur amertume et leur jalousie : si c'est l'anniversaire du cadet, ce n'est pas celui de l'aîné ! Faire un cadeau aux deux ce jour-là, c'est pour le plus jeune voir sa place dévalorisée et sa fête gâchée.

Pas évident d'être le plus grand

Rien d'étonnant à ce que l'aîné ne voie pas d'un très bon œil la naissance d'un petit frère ou d'une petite sœur, surtout s'il était seul jusqu'alors. Mettez-vous à sa place : comment accepter sans ronchonner d'être détrôné de son rang d'enfant unique pour devoir du jour au lendemain partager avec un autre ? L'aîné réalise peu à peu qu'il devra « faire avec cet intrus ». Fini le temps où jouets, câlins, affection des parents n'étaient destinés qu'à sa petite personne. Il se sent animé de réactions violentes. Il aimerait faire disparaître ce nouveau venu et peut aller jusqu'à souhaiter qu'il meure ou qu'on le mette à la poubelle… On lui demande désormais de céder le bol ou le camion avec lequel il jouait tout petit, sous prétexte qu'il est le plus grand. Dans sa tête, l'orage gronde. Il n'a pas forcément envie de partager ce qu'il estime lui appartenir encore. Lui, que l'on a tendance à considérer parfois comme plus âgé qu'il n'est, voudrait bien régresser et redevenir le «bébé» de ses parents.

Alexandre réclame à cor et à cri un biberon que sa mère lui refuse, justement «parce qu'il n'est plus un bébé». Elle estime qu'il fait un gros caprice et qu'il dépasse les limites. Pourtant, ce besoin que l'aîné exprime peut être très passager, surtout s'il est entendu sans commentaires dévalorisants. Parfois, le grand semble bien accepter la naissance du second. Et c'est lorsque ce dernier commence à marcher et à prendre de l'autonomie que ses coups de colère ou ses bouderies deviennent fréquents. L'aîné jalouse son cadet en ressentant la fierté de sa mère et de son père devant ses progrès. Ses parents ne comprennent pas toujours ce qui lui arrive : il ne veut plus prêter la peluche qu'il lui prêtait si volontiers hier. Dorénavant, pour attirer l'attention sur lui et la détourner de son frère ou de sa sœur, il est prêt à tous les caprices... Face à sa peur d'être rattrapé par le deuxième, l'aîné a aussi besoin d'être rassuré et de ne pas être enfermé dans un rôle définitif. Il est important de l'aider à trouver sa place de «premier» enfant. Si son statut ne lui donne pas le droit de jouer les petits chefs, il n'a pas non plus le devoir de veiller sur ses frères et sœurs et d'être constamment un modèle pour sa fratrie. Son âge lui réserve le privilège de petits plaisirs qui sont importants à respecter pour qu'il se sente bien à sa place de «grand». L'autoriser à se coucher plus tard que les autres le samedi soir, lui confier la clé, lui permettre d'avoir un réveil à lui dans sa chambre, lui donner un peu d'argent de poche... Autant de signes qui lui parlent du bonheur de ses parents de le voir devenir grand et autonome.

L'aîné découvre aussi qu'au fur et à mesure qu'il grandit, ses parents deviennent naturellement plus exigeants avec lui, puisqu'il apprend de nouveaux interdits et le respect de règles sociales. Pour qu'il ne se sente pas lésé ou rejeté, il est bon de l'aider à faire la part des choses. Il est en droit de ne pas prêter les affaires qui lui tiennent à cœur s'il le souhaite, par exemple l'assiette dans laquelle il mangeait étant bébé. Mais il est aussi important de l'inciter, lui comme ses frères ou sœurs, à partager de temps à autre une partie de ses «biens». C'est ainsi que toute la fratrie forge sa capacité future à s'adapter et à vivre au contact les uns des autres.

Pour peu que ses parents attendent de lui qu'il donne toujours le «bon exemple» à ses petits frères et sœurs, l'aîné va se trouver en position de modèle, au risque de s'interdire de faire un faux pas: «Aide ton frère à mettre sa veste», «Surveille ta petite sœur»... Toutes ces respon-

56

sabilités lui sont imposées parce qu'il est le premier-né et cela lui paraît injuste. Un verre brisé par son cadet? Et il est à deux doigts de penser que c'est sa faute parce qu'il n'a pas suffisamment fait attention au plus jeune... Inévitablement, l'aîné aura envie de se rebeller, de bouder ou de piquer une bonne colère.

Le cadet : ni petit ni grand

À première vue, la place du cadet peut paraître plus enviable. Il bénéficie de l'expérience de ses parents, en général plus détendus qu'ils ne l'avaient été avec l'aîné. Mais comment s'affirmer face au grand qui le fascine? Les réactions du deuxième, ses caprices plus ou moins exacerbés, dépendent aussi des relations avec ses frères et sœurs, de leurs personnalités et du regard posé sur lui par son père et sa mère. Lorsque l'aîné est adulé, malgré la volonté des parents de ne rien laisser filtrer, le cadet peut craindre de ne pas recevoir la même admiration. Au contraire, il peut entendre surtout les reproches qui sont faits au plus grand: «Tu ne prêtes jamais tes jouets, tu es bien égoïste.» Pour se démarquer, il peut vouloir montrer à ses parents qu'il n'a pas les mêmes défauts et s'évertuer à se comporter en enfant sage. Mais le plus souvent, il va osciller entre deux attitudes opposées pour asseoir sa personnalité. Il sait qu'il peut obtenir l'attention de ses parents en étant plus sage ou au contraire en étant beaucoup plus agressif selon les moments.

Dans une famille de deux enfants, la tentation de former deux duos parent/enfant est souvent là. Le père peut, par exemple, s'attacher beaucoup à sa fille aînée et la mère en faire autant avec son deuxième. Chaque duo se met alors à fonctionner un peu comme un couple. Résultats: les caprices et les jalousies entre enfants, qui sont chacun en manque de l'un des parents, sont ravivés. La phase œdipienne, le moment où l'enfant va rejeter le parent du sexe opposé au sien, peut se prolonger. Chacun s'identifie au parent du même sexe avec moins de souplesse. Bref, autant éviter de tomber dans le piège de ce double duo pour ne pas s'enliser dans des scènes de colère ou des bouderies dont on se passerait bien.

Le petit dernier: «chouchou de la famille»

Les plus grands soupçonnent très souvent le petit dernier d'être le chouchou des parents, le petit intouchable qui peut faire autant de caprices qu'il veut sans être grondé. Il est vrai que les petits derniers comprennent vite comment manipuler leurs parents et tirer profit de la situation. Au contact des plus grands, ils s'éveillent plus vite.

C'est vrai: les excès des «petits» sont souvent mieux tolérés par leurs parents. Les derniers trouvent souvent un malin plaisir à faire râler leurs aînés, physiquement plus forts et plus grands qu'eux. Très stimulés par ces derniers, ils prennent souvent plus de risques qu'eux au même âge et sont en général plus aventureux. Ils ont la chance d'avoir plusieurs modèles autour d'eux auxquels s'identifier et la capacité d'absorber des rythmes différents. Rodés aux soins et à l'éducation des précédents, leurs parents sont plus confiants. Pour autant, la place du dernier n'est pas aussi confortable qu'elle en a l'air. Loin du regard des parents, les grands n'hésitent pas à leur rappeler par une gifle, une tape ou un coup de pied qu'ils sont les plus forts. «Ne regarde pas ce film avec tes sœurs, il n'est pas de ton âge», ou encore: «Tu es trop petit», sont des injonctions qu'ils entendent à longueur de journée. Plus encore que les autres, le petit dernier va avoir besoin de s'affirmer avec dynamisme et ténacité, à gros coups de caprices parfois. Et pour cause: son père et sa mère savent très bien que lorsqu'il aura grandi, leur rôle de jeunes parents prendra fin et qu'ils vont vieillir. Inconsciemment, ils tentent de lui conserver le plus longtemps possible son statut de bébé...

L'essentiel

Un enfant craint toujours d'être moins aimé que son frère ou sa sœur. Cette angoisse suscite inévitablement des caprices.

Dans une fratrie, il n'y a pas une position plus facile à vivre qu'une autre.

Selon son rang, chacun entretient des interactions particulières avec ses frères et sœurs et est confronté à des pressions différentes.

Il est illusoire de vouloir donner exactement la même chose à chacun de ses enfants.

L'important est que chaque enfant sente que sa place au sein de sa fratrie est valorisée et respectée.

Chapitre 5
Ce qui se joue côté parents

L'histoire familiale des parents, les événements liés
à la naissance de leur enfant et leur relation de couple
influent sur leur comportement de père ou de mère.
Ce contexte mais aussi le regard des autres et
de la société attisent indirectement les caprices.

▓ Histoires familiales

⇨ Héritages du passé

Votre enfant vous ressemble forcément un peu, de
même que vous ressemblez inévitablement à vos propres parents. Entre un enfant et son père ou sa mère,
il y a indubitablement des gènes en commun, une
hérédité qui s'exprime, mais aussi des affinités cons-
cientes ou inconscientes. De génération en génération

se transmettent des récits, des valeurs et des images du «clan» auquel on appartient. Un parent est toujours façonné par son histoire familiale. Lorsqu'il est confronté aux caprices de son enfant, la manière dont il définit les limites qu'il lui donne ou non n'est jamais anodine. Un père et une mère sont en partie conscients de ce qu'ils souhaitent ou pas pour lui. Ils peuvent se dire: «Je ne veux pas faire ce que ma mère faisait», ou: «Notre père s'y prenait comme ça et c'était pas si mal»...

Il serait illusoire de croire que l'on rejette ou l'on accepte totalement l'héritage éducatif de ses parents. Un adulte fait des allers-retours constants entre ce qu'il garde et ce qu'il rejette. Tout dépend de la période qu'il traverse, de son âge, de sa situation professionnelle et des événements qui sillonnent sa vie. Cependant, le comportement d'un père ou d'une mère vis-à-vis de son enfant n'est pas toujours aussi facilement décodable parce qu'il reste imprégné de non-dits ou de conflits latents qui remontent très loin. Petit, un parent a parfois vécu un complexe d'infériorité ou a ressenti sans en avoir pleinement conscience un fort sentiment de jalousie ou de manipulation. Il a pu servir de modèle pour ses frères et sœurs. Il ne s'est alors pas rendu compte des effets à retardement sur sa vie ou sur celle des autres, comme la volonté acharnée d'être bon partout ou le besoin de gagner beaucoup d'argent pour pouvoir se réaliser et s'affirmer. Le rang qu'un parent occupait dans sa fratrie influence également sa manière d'entendre les caprices de son enfant. C'est le cas du père de Raphaël qui ne peut s'empêcher de surprotéger son petit dernier : au même âge, lui-même se sentait très impuissant par rapport à ses aînés. De manière générale, les liens qu'un parent entretenait tout petit avec son entourage peuvent guider dans un sens ou dans un autre ses réactions face aux scènes de ses propres enfants. Avait-il des amis et des grands-parents ? Était-il casanier ? Était-il autorisé à avoir des activités ou pas ? Sa famille était-elle paisible ou agitée par des conflits ? S'est-il construit des repères par rapport à des moments de bonheur ou en fonction de contradictions ou de haines familiales ? Ses propres parents attendaient-ils beaucoup de lui ? Les réponses à ces questions dessinent des relations très différentes entre les adultes et leurs enfants.

⇨ Un couple, deux visions

Un couple est fait de deux enfances rassemblées : chacun apporte ses bagages et doit composer ensuite avec l'autre et son histoire. Par exemple, si sa propre mère était très maternante, un père s'occupera peut-être peu de son petit enfant au grand dam de sa compagne. Or, c'est une évidence ancrée en lui depuis son plus jeune âge : les femmes s'y prennent beaucoup mieux que les hommes... Si le comportement des parents envers leur enfant se nourrit de leur relation à leurs propres familles, il est aussi conditionné par les questions que chacun se pose sur l'histoire de l'autre. Une mère qui voit le père de son enfant le gâter excessivement se demandera s'il a beaucoup souffert d'avoir été élevé dans une famille modeste. Elle fermera alors peut-être les yeux sur une attitude qui stimule pourtant bien des caprices...

Un couple, c'est une cohabitation de deux inconscients et de deux réalités. On a toujours en tête une certaine représentation de ce que doit être un parent et une certaine idée de ce que son conjoint attend de soi et vice versa. Tout décalage entre cette image à laquelle on aimerait correspondre et la réalité est difficile à accepter. L'un peut aussi mal vivre la situation professionnelle plus élevée de l'autre. Cette insatisfaction, ponctuelle ou pas, peut rendre l'enfant plus fragile, sensible à l'échec, et augmente la nervosité du parent devant les scènes répétées de son enfant.

Parfois, l'un des conjoints ne se sent pas à la hauteur parce qu'il subit les reproches de l'autre. Un père par exemple se met à parler avec agressivité à la mère de son enfant: «C'est ton fils qui hurle!» Elle peut alors penser qu'il la considère comme seule responsable des sautes d'humeur de leur enfant. À d'autres moments, les deux parents culpabilisent parce que, absorbés par des passages difficiles dans leur vie de couple, ils manquent de disponibilité dans leur tête. Déstabilisés, ils transmettent involontairement leur malaise à leur enfant, véritable petite «éponge» de leurs tensions. Quoi qu'on fasse, dise ou omette, un enfant est perméable aux émotions exprimées ou refoulées par ses parents, à ce qu'ils redoutent, ne veulent pas montrer ou sous-entendent. Ainsi, tout discours positif ou négatif du couple sur son vécu familial – «Pourvu qu'il ne ressemble pas à son oncle Albert!» – est toujours avidement absorbé par l'enfant.

⇨ Il était une fois la venue d'un enfant

Passer au statut de parent, c'est se sentir créateur d'une génération. C'est un moment fort où son histoire familiale est ravivée. Lorsque leur enfant vient au monde, certains parents croient inconsciemment qu'ils prennent la place de leurs parents en les faisant basculer dans une autre génération et le vivent douloureusement. Or, si leurs propres parents leur ont donné la chance de se détacher d'eux, d'exister par eux-mêmes, de nourrir leur imagination, d'aller de l'avant et de se sentir intellectuellement à la hauteur, la relation qu'un père ou qu'une mère établit avec son enfant sera d'autant plus sereine et paisible. Sans culpabilité ni complexe excessif, le parent donnera moins de prises aux caprices.

Avant la naissance de leur enfant, les futurs parents imaginent souvent sa personnalité et son physique mais aussi les détails de leur vie à trois. Une mère songe à son bébé et idéalise leur future relation, notamment à partir de tout ce qu'elle sait sur sa lignée et celle de son compagnon. Mais quand son enfant naît et commence à grandir, elle découvre ces moments inévitables d'énervement et d'injustice vis-à-vis de son enfant. Elle vit mal le fait d'être en contradiction avec elle-même. De temps à autre, certaines mères ont beau se féliciter d'avoir trouvé la bonne astuce pour faire cesser un caprice, elles se dévalorisent quand même à d'autres moments par manque de confiance en elles. Or, l'enfant qui se construit le fait avec sa mère, celle qui est physiquement présente à ses côtés mais aussi celle dont l'imaginaire se nourrit d'images, par exemple la pensée d'être une bonne ou mauvaise mère ou d'avoir fait un enfant «raté» ou «réussi». Ce dernier ressent son malaise et ses doutes et y réagit à sa façon.

Le désir ou non d'enfant a aussi son importance. Au moment de sa conception, par exemple, l'un des parents peut avoir désiré un enfant alors que l'autre n'était pas prêt. De nombreux mois plus tard, le premier se sentira assailli par les sautes d'humeur de son «héritier» dont il supportera difficilement les caprices. Les circonstances de la grossesse et de l'accouchement – la naissance d'un enfant prématuré, l'absence ou la présence du père, ou la nécessité d'une césarienne – sont tout aussi essentielles. Et pour cause : elles créent du stress et de la culpabilité. «Pourquoi cela m'arrive à moi?», se demande la mère dont l'enfant est prématuré ou malade à la naissance. Du coup, il semblera normal aux parents de faire preuve d'une grande compréhension face aux caprices de leur enfant. Cependant, après une période de compassion – «C'est normal qu'il soit si capricieux, il a tellement souffert» –, ils redressent souvent la barre en réalisant que leur bout de chou en a profité pour leur rendre la vie infernale!

Hélas, une grossesse ne se passe pas toujours très bien. Fragilisée par son état, la future maman pourra par la suite avoir tendance à trop protéger son enfant ou au contraire à s'en détacher un peu, suscitant dans les deux cas des scènes de sa part.

⇒ « Plus tard, il sera… »

Tout à leur bonheur de fonder un foyer, les parents échafaudent souvent mille projets pour leur enfant qui occupe désormais une place centrale au sein de sa famille : tout se construit autour de lui. Il est devenu l'enjeu de la réussite de ses parents. Sans en avoir conscience, ces derniers ont parfois des attentes excessives et démesurées, voire préjudiciables pour leur enfant.

Certains parents peuvent avoir une revanche à prendre parce qu'ils ont été « cassés » par leurs propres parents ou privés d'un certain nombre de choses, faute de moyens ou à cause de principes d'éducation. Dans l'avenir qu'ils dessinent à leur enfant, ils le voient devenir ce qu'ils n'ont pas eu la chance ou la capacité d'être. Ils lui prêtent leurs ambitions contrariées. Ils ne lui reconnaissent pas de désir propre. Résultat : ils font de lui un enfant peu capricieux mais soumis et passif, voire excessivement sage et timide. Empêché de prendre des risques ou des initiatives, ce dernier, porteur de leurs propres désirs, ne pourra s'épanouir. Jusqu'au jour peut-être où sa révolte prendra des allures impressionnantes de caprices…

Tous les parents sont enclins à considérer leur bébé comme la « merveille du monde » et comme un prolongement d'eux-mêmes. Certains parents prennent aussi beaucoup de plaisir à se reconnaître dans leur enfant. Ils le regardent faire une bêtise ou un caprice et ne peuvent s'empêcher de penser: «Moi aussi, j'étais comme ça.» Ils sont contents de voir que leur enfant a du caractère. Ils sont flattés lorsqu'il tient tête. À leurs yeux, avec une telle personnalité, il ira loin!

Sous l'influence de la société de consommation, certains parents peuvent être tentés de pousser leur enfant à ressembler aux clichés de la publicité et de la mode. C'est le cas par exemple de jeunes cadres à l'ascension sociale fulgurante et dont les valeurs sont axées surtout sur l'argent. Ils mettent alors en scène leur enfant «version marketing» au service de leur ego et de leur réussite personnelle. Ils font ainsi éclore des personnalités d'enfants gâtés, capricieux et en apparence sûrs d'eux.

▓ Sous le regard des autres

⇨ Scènes de famille

Face à un premier enfant, un parent n'est jamais très sûr de lui. Il ressent souvent un sentiment d'incompétence. Les observations ou les petites pointes de ses proches n'arrangent rien. Elles touchent bien plus les parents que celles d'un quidam. Elles sont plus lourdes de conséquences parce qu'elles sont proférées par des personnes qui comptent dans leur entourage ou qu'ils sont amenés à revoir. Par moments, elles ont le don de les attrister, de les vexer ou de les mettre en colère.

Si l'on se sent remis en question dans son rôle d'éducateur et s'il existait déjà un «contentieux familial» entre un parent et son proche, la situation risque de s'envenimer. Le parent saisira au vol la critique qui lui est faite pour rebondir vivement sur un conflit récurrent. Tout dépend aussi de la personne qui fait le commentaire et où l'échange a lieu. Selon les liens de sang ou les affinités qui l'unissent à un proche, un parent réagira différemment. On n'accepte pas de la même façon les commentaires de la femme de son frère et ceux du cousin de son mari. De même, les parents prendront d'autant plus mal une remarque faite sur le comportement capricieux de leur petit «monstre» que le donneur de leçons se trouve... chez eux. Plus les parents ont l'esprit de contradiction et une forte estime d'eux-mêmes, moins ils sont sensibles au regard de leurs proches. Mais ils sont inégaux en ressources quand il s'agit de faire face à des commentaires blessants ou à des critiques de la part de leur entourage. Colère ou tristesse suscitées par des proches peuvent ainsi contribuer à déstabiliser des parents. Or, le caprice se nourrit toujours de l'insécurité ambiante...

⇨ Parents et grands-parents en concurrence

Les grands-parents ont une situation à priori confortable: ils peuvent profiter de leurs petits-enfants sans avoir la charge de leur éducation. Cependant, certains ont tellement envie de recevoir leur visite le plus souvent possible, qu'ils n'hésitent pas à les chouchouter un peu trop. Sans vraiment le réaliser, le grand-parent peut même aller au-devant des caprices de son petit-enfant en accumulant des cadeaux ou en lui proposant un tas d'activités. Conséquence: en réalité ou seulement dans l'imaginaire de ses parents qui en sont convaincus, ce dernier se comportera de manière plus capricieuse à son retour.

Lorsqu'ils gâtent excessivement leurs petits-enfants, les grands-parents peuvent être inconsciemment motivés par le désir de se faire aimer et d'être mis sur un piédestal. Pas évident lorsqu'on est parent d'avoir à se dépatouiller avec ce type de situation! Jaloux de l'autorité de la jeune mère, les grands-parents ne lui accordent parfois aucun crédit: «Elle ne l'élève pas comme il faudrait!» Convaincus d'avoir raison, ils s'adressent même directement à l'enfant: «Ah, tiens, ta mère t'a laissé faire ça!» Les tensions familiales en sont attisées: l'enfant les subit mais peut aussi apprendre à manipuler les uns et les autres pour obtenir ce qu'il veut...

C'est pas bientôt fini ce caprice ?

De leur côté, les grands-parents rigides, qui ne tolèrent aucun caprice de la part de leurs petits-enfants, sont souvent stimulés par le même moteur: le manque de confiance dans les jeunes parents. En fait, ils envient parfois l'expérience que vont vivre ces derniers pour la première fois et qu'eux-mêmes, devenus trop vieux, ne pourront plus connaître. Si les grands-parents s'éloignent de leur rôle, un malaise s'installe dans la famille. Lorsque les parents abdiquent devant eux, l'enfant n'est pas dupe: il saisit bien dans quel sens penche la balance du rapport de force.

Si les grands-parents sont trop exigeants, peu affectueux et rigides avec un enfant, il en éprouvera de l'angoisse qui peut se traduire par des caprices. Loin de l'interpréter sous cet angle, les grands-parents en déduiront qu'ils ont affaire à un enfant insupportable. Ils auront alors des réticences à l'inviter à nouveau. D'ailleurs, il existe des petits malins qui leur rendent volontairement la vie impossible pour ne plus avoir à remettre les pieds chez eux...

L'idée qu'il est devenu simple d'élever un enfant et qu'il n'a pas de raison de faire des caprices puisqu'il a tout pour être heureux fait parfois aussi partie des convictions des anciennes générations. Les grands-parents ne sont pas tous conscients des soucis inhérents à la vie actuelle. Certains sous-estiment les difficultés du quotidien d'un parent en ne regardant que par un bout de la lorgnette: «Tu te rends compte tout ce qu'ils ont à leur disposition pour élever leurs enfants, maintenant!» Aujourd'hui, les grands-parents ne sont plus la référence. Actifs plus longtemps, ils ne sont plus aussi présents auprès de leurs petits-enfants qu'autrefois pour communiquer leur savoir. De plus, les parents veulent désormais être les «piliers» de leur cellule familiale, ceux qui transmettent à leurs enfants ce qu'ils souhaitent, hors du regard des grands-parents.

⇨ Dans la rue ou dans le bus

Dans le bus, dans une boutique, au supermarché ou au square, le caprice de votre enfant est soumis au regard des autres. Il fait une grosse scène en pleine rue et inévitablement, sur votre passage, des gens se retournent: du coup, vous vous sentez très gêné... En présence d'inconnus et loin de l'intimité sécurisante de la maison, un parent est plus vulnérable et a l'impression désagréable d'être jugé. Il pense qu'il donne à voir aux autres son incapacité à gérer la «mauvaise» conduite de son enfant dont il est responsable puisqu'il est chargé de son éducation. Ce qui met mal à l'aise un parent, ce n'est pas tant le regard des autres sur la scène qui se joue, que ce qu'il ressent et imagine en lui-même... Il a souvent le sentiment qu'il gêne parce qu'un caprice est une réaction bruyante. C'est aussi sa compétence de parent, sa capacité à savoir se faire respecter et à apprendre à son enfant à se comporter «en bon citoyen» qui est en cause. Le petit capricieux qui pique une colère n'est pas dupe du trouble qui peut envahir son père ou sa mère lorsqu'ils se trouvent dans un lieu public. Il est possible qu'il aille jusqu'au bout de sa crise parce qu'il se sent débordé par sa propre agressivité. Mais il peut aussi parfois se calmer et adopter un profil bas pour protéger son parent d'une éventuelle hostilité ambiante...

Aujourd'hui, le bus est particulièrement bondé. La mère d'Élise, 3 ans, et de Sam, 5 ans, tente vainement de les empêcher de monter sur leurs sièges. Un monsieur debout lui assène d'un ton sec qu'elle aurait mieux fait de ne pas prendre le bus. Difficile dans ces cas-là de rester zen... Heureusement, beaucoup de personnes sont aussi extrêmement compatissantes. Mais il existe des gens intolérants à tout âge et des râleurs qui ont toujours leur mot à dire. Ils ne comprennent pas qu'un caprice exprime avant tout l'insatiable dynamisme d'un enfant. Ils ont souvent une conception très rigide de ce que doit être un enfant. S'il incombe à un parent le devoir d'éduquer son bout de chou dans le respect des règles de la vie sociale, il doit aussi oser s'affirmer et s'autoriser à répondre aux bougonneurs pour «restaurer» son image à ses yeux et à ceux de son enfant. Il n'a pas à subir en victime leur regard désapprobateur.

Rien de plus normal que de s'excuser pour le bruit occasionné par une scène, en particulier si dans son élan votre enfant bouscule des personnes âgées ou d'autres voyageurs. Cela permet par la même occasion de lui montrer que vous êtes responsable de lui. Il comprend que certaines limites ont été dépassées et qu'il faut s'en excuser. Amende honorable faite, pourquoi ne pas désamorcer des critiques agressives en demandant un coup de main? Votre enfant y verra sans doute un bel exemple d'entraide.

⇨ Sous l'œil de la société

«On entend moins hurler dans les magasins ou pleurer dans la rue qu'il y a vingt ans», constatent certains adultes qui se souviennent de leur propre expérience de mère ou de père lorsque leur enfant était petit. Que cette impression soit fondée ou non, une chose est certaine: les parents répondent plus qu'avant aux besoins de leurs enfants. Ils savent les écouter et les nourrir avec des histoires de toutes sortes. Ils leur font découvrir, grâce à des jeux, les règles et le fonctionnement de la société. Les parents encadrent mieux leurs enfants qu'avant.

C'est pas bientôt fini ce caprice ?

Ils sont plus entraînés à «dire», à expliquer les dangers de la rue par exemple, et sont relayés ou stimulés à ce niveau par l'école, plus ouverte sur la vie et le monde qu'auparavant pour développer un esprit citoyen.

L'époque où l'on était choqué par certains manques à des principes d'éducation – lorsqu'un petit enfant chantait à table – est révolue. La société a changé son regard sur les parents et les enfants. Elle est plus tolérante avec la spontanéité des petits. Elle accueille désormais avec amusement les réflexions des bambins et s'extasie devant leur éveil précoce, les présentant comme des petits futés qui pourraient bien supplanter leurs parents. Parallèlement, elle véhicule des préjugés qui ne font pas que du bien à la relation parent/enfant. Il est admis par exemple qu'«il n'est pas humain de laisser pleurer un enfant». Dans un lieu public, devant son rebelle en larmes, le parent un peu affolé souhaite alors que le caprice soit vite résolu comme si l'air du temps lui imposait son diktat. Des pensées désagréables lui traversent l'esprit: «Et si on pensait que je maltraite mon enfant?»... La société exerce ainsi une forme de pression sur les parents. Elle impose à l'imaginaire collectif sa vision du rôle d'un père ou d'une mère. Dans son idéal de conformité culturelle, de perfection et de civilité, les couples modèles sont jeunes, gais et souriants avec un droit limité à l'erreur. Les parents restent très mal vus quand ils élèvent des enfants «ratés», c'est-à-dire irrespectueux et capricieux!

L'essentiel

▓ L'histoire familiale d'un parent influence son comportement face aux caprices de son enfant.

▓ Dans un couple, chacun doit composer avec le vécu, l'imaginaire et la personnalité de l'autre. Chaque parent a une image de ce que doit être un père ou une mère et la confronte à la réalité.

▓ Le désir ou non d'enfant, les circonstances de l'accouchement et de la grossesse instaurent un climat au sein du couple auquel les enfants réagissent.

▓ Certains parents projettent excessivement leurs attentes sur leur enfant au risque de gommer ses propres désirs.

▓ Les critiques des proches créent des tensions ressenties par les enfants.

C'est pas bientôt fini ce caprice ?

■ Les grands-parents qui s'éloignent de leur rôle attisent les scènes de leurs petits-enfants.

■ Les caprices en public déstabilisent un parent car il croit que sa compétence est en jeu.

■ La société donne une image idéalisée d'un père ou d'une mère. Elle exerce sur eux une pression qui ne les aide pas toujours à juguler les caprices.

Chapitre 6
Les pièges à éviter

Sans le réaliser, en réagissant à un caprice, les parents peuvent adopter des attitudes ou des propos inefficaces ou préjudiciables à leur enfant. Il est utile de les décrypter pour ne pas se laisser piéger.

■ Frapper

⇨ Un acte de violence

Lorsqu'un parent frappe son enfant, c'est souvent sous le coup de la colère ou de l'énervement et pour affirmer son autorité. Il se peut aussi qu'une mère, par exemple, ait des reproches à faire à son conjoint absent. Elle les retourne alors contre ses enfants qui sont, eux, physiquement là. Parfois, le recours à la fessée cache une peur des parents : il leur est impossible de mettre en place d'autres punitions, le priver de télévision entre autres. À leurs yeux, elles le frustreraient trop.

C'est pas bientôt fini ce caprice ?

Un parent n'est jamais à l'abri d'une «défaillance»: il est tout simplement un être humain. Un caprice de votre aîné survient après une journée stressante de travail, alors que le dîner menace de brûler sur le feu et que le petit dernier a besoin de votre aide pour sortir du bain. Vous pouvez alors avoir l'impulsion de laisser partir votre main...

Évidemment, la fessée n'est jamais une bonne solution, d'autant plus qu'elle est inefficace! Lorsqu'un parent se met hors de lui et donne une fessée pour se soulager, il produit un choc sur son enfant qui, d'abord surpris, stoppe les manifestations de son caprice. Puis, par crainte, il se soumet avec amertume et rancune ou, au contraire, pour exacerber sa peur, il continue et le provoque encore plus. La fessée à répétition, instituée comme un système éducatif, a des effets pervers et déroutants pour l'enfant. À force d'être battu, celui-ci se blinde. Il guette même cette violence, éventuellement il la provoque, le défiant d'un «même pas mal». Il ne veut surtout pas perdre la face et se montrer affaibli aux yeux de son père ou de sa mère. C'est tout le corps du parent qui parle quand ce dernier administre une fessée. Il y a l'élan agressif vers l'enfant juste avant le passage à l'acte. Il y a aussi ce regard mauvais qu'on lui lance parce qu'«on n'en peut plus de son caprice». Cependant on peut estimer qu'une fessée est plus facilement

acceptable et pardonnable lorsqu'elle est exception-
nelle et que le parent était vraiment très en colère.

⇨ Il n'y a pas que la fessée...

Frapper, cela peut être bien autre chose que la clas-
sique fessée. Tous les coups semblent permis lorsque l'on
est sous l'emprise de ses émotions : tordre ou pincer un
bras, tirer les cheveux, voire griffer ou mordre...

Il est normal qu'un tout-petit ait envie d'exercer sa
force. Il tape très fort pour explorer, il prend du plaisir à
faire du bruit et teste les réactions de ses parents, qui se
doivent de lui imposer des limites. Cependant, rendre
coup sur coup est totalement incohérent. Par son attitude, le parent se met au même niveau que son enfant
et, sans en prendre conscience, lui donne l'exemple
qu'il ne souhaite pas qu'il suive !

En frappant un enfant, on l'incite à être agressif et on
l'autorise à se défendre et à communiquer par la force
physique. Si de surcroît la «correction» est infligée en
public, elle ne fera que susciter des sentiments trauma-
tisants : de la peur, du ressentiment, de l'humiliation ou
de la honte. On voit pourtant encore, au square par
exemple, des parents rattraper leur enfant qui s'échap-
pait en hurlant et le traîner jusqu'à un banc pour lui
administrer «la raclée qu'il a bien cherchée».

C'est pas bientôt fini ce caprice ?

Après avoir frappé son enfant, un parent regrette très souvent son acte. Il est bon de s'excuser de s'être emporté. Il ne faut pas hésiter à reconnaître que son enfant méritait sans doute une autre sanction. Mais il est important de ne pas s'excuser de l'avoir grondé. Cela équivaudrait à annuler la sanction. Mieux vaut mettre les points sur les *i* : «Je me suis énervé(e) mais ce que tu as fait et dit reste inacceptable.» Il est tout aussi incohérent de faire des câlins à son enfant juste après l'avoir frappé. Il a le sentiment qu'il n'est là que pour répondre à l'agressivité de ses parents et être un objet de consolation.

⇨ Une tape sous conditions

Cependant, il ne faudrait pas confondre frapper un enfant et donner une petite tape sur les fesses. Ce que craignent ceux qui s'opposent à la fessée, c'est le passage progressif ou le dérapage incontrôlé d'une tape à une «bonne rouste». Heureusement, les parents ont en général une force morale qui fait qu'ils ne franchissent pas ce seuil. Dans la fessée, il y a une forme d'acharnement «sadique» et de défoulement qu'il n'y a pas dans la tape sur les fesses. Même si elle n'est jamais une bonne réponse à un caprice, une tape qui ne l'humilie pas mais qui dit stop à l'exagération de l'enfant et à l'exaspération de l'adulte est acceptable.

Cependant, elle n'est jamais «à recommander»: elle reste toujours un échec dans la communication entre un parent et son enfant.

Sensibilisé aux messages sur la maltraitance, un parent sent bien au fond de lui que soumettre son enfant par la force n'est pas constructif. Il ne l'aide pas à avoir une bonne estime de soi. L'enfant perd non seulement confiance en lui-même mais aussi en son parent qui n'assure pas son rôle de protection. À force d'avoir été soumis, il n'ose plus rien demander tant il est convaincu que ses parents vont refuser. Le recours à la violence physique fait de l'enfant un adulte peu sûr de lui qui anticipe l'échec. De surcroît, la colère du parent a un effet de surenchère. Elle ne peut que renforcer celle de son enfant. Lorsqu'un père ou une mère se met à crier contre lui, ce dernier peut se mettre à hurler plus fort, par provocation ou pour résister à ces cris qui lui font perdre ses repères et le plongent dans l'insécurité.

Céder

Céder, c'est déjà être en état de «crise». Lorsqu'un parent a le sentiment qu'il cède, c'est qu'il a bien essayé de résister auparavant. Mais voilà: il n'a pas pu

C'est pas bientôt fini ce caprice ?

s'en tenir à la décision qu'il avait prise de dire «non». Le parent qui dit «oui» immédiatement, au premier hurlement un peu trop sonore, n'a pas pris, lui, la peine de céder: il accède tout de suite au désir immédiat de l'enfant. Parfois même il le devance. Il faut autant que possible éviter cette attitude qui favorise les caprices. Il est toujours préférable de laisser passer du temps entre le désir de l'enfant et sa satisfaction éventuelle. S'il réclame un pain au chocolat à l'heure du déjeuner, vous pouvez lui faire entendre que ce n'est pas le bon moment mais qu'il en aura un pour le goûter.

Bien sûr, on peut de temps en temps exaucer la demande expresse d'un bout de chou parce qu'on a envie de lui faire plaisir ou parce qu'on estime qu'elle peut être acceptée. Il y a même des circonstances où il est compréhensible ou normal de céder. On est à bout, épuisé ou pressé. Parfois aussi, son enfant est injustement frustré ou il a du chagrin. Il est malade ou alors vous lui avez beaucoup manqué parce que vous êtes partis en voyage et vous acceptez de lui acheter le doudou qu'il réclame. Céder peut être alors une compensation ou une manière de réparer. Appréciez au coup par coup s'il est opportun de le faire et votre enfant comprendra qu'il ne doit pas s'attendre à ce que vous cédiez chaque fois.

Cependant, dans la grande majorité des cas, mieux vaut s'en tenir à ce qu'on a dit et ne pas y revenir. Céder n'est pas grave en soi, mais tout dépend de la manière dont on s'en remet. Un enfant perçoit les hésitations et les dilemmes de ses parents lorsqu'ils se sentent coupables d'avoir cédé. Il sait que son père ou sa mère peut penser: «Je suis trop faible» ou «Je ne tiens pas ma parole». L'image idéalisée du parent infaillible en prend un coup et il cultive alors une mauvaise estime de lui-même. Il en veut à son parent d'avoir cédé: il supporte mal de ne pas le sentir fort et invincible comme il aimerait qu'il soit pour le protéger. De son côté, le parent en veut à son enfant, d'autant plus si son conjoint lui fait des reproches. Il a l'impression d'être harcelé et d'avoir dit «oui» sous la pression de l'attitude tyrannique de son rebelle. En fait, il anticipe ses réactions et imagine d'avance que ce dernier va encore lui réclamer telle ou telle chose. Si un caprice se produit, le parent est alors renforcé dans ses projections et ses attentes. Un cercle vicieux s'instaure en même temps qu'un climat épouvantable...

Menaces et chantages

«Si tu n'arrêtes pas ton caprice, tu n'iras pas à la piscine.» Les parents l'avouent sans peine: leur arme fatale, c'est la menace. Ils l'utilisent souvent car ils savent que leur enfant y est sensible.

Avant de mettre en application une sanction, il est essentiel de prévenir un enfant. Il sait ainsi à quoi il s'expose, et ce qu'il risque s'il ne respecte pas les limites qui lui sont imposées. Mais attention: menacer sans appliquer la sanction qu'on a énoncée en cas de non-respect de la règle ne sert à rien. Le parent est alors totalement discrédité et l'enfant sait qu'il peut recommencer ses caprices.

Mieux vaut donc ne pas formuler une sanction que l'on ne pourra pas tenir. Les menaces deviennent vraiment préjudiciables quand elles créent de l'insécurité. Lorsqu'un père ou une mère laisse entendre à son petit capricieux qu'il va s'en aller, qu'il va le laisser seul avec les loups ou l'envoyer à la cave, son enfant ne comprend pas que ces propos ne sont pas à prendre pour argent comptant.

Philippe se souvient qu'à 4 ans ses parents lui avaient promis une grosse pièce à condition qu'il cesse de réclamer à grands cris les jouets de sa sœur. Des années plus tard, il ressent encore l'impression désagréable de s'être fait acheter. S'il est souvent renouvelé, ce type d'attitude n'encourage pas un enfant à faire les choses sans esprit de calcul. Pire : cela risque de lui donner pour exemple un modèle fondé sur la corruption et la manipulation. Avec le chantage, le sentiment de ne pas être considéré comme une personne est fort chez l'enfant. Il se sent rabaissé, injustement traité et dévalorisé. Plutôt que d'établir une relation de marchandage où c'est «donnant donnant» – «Si tu fais ça, je t'achèterai une Barbie» –, il est plus sain de présenter la situation sous un angle stimulant : «Quand tu auras fini de ranger ta chambre, nous irons au cinéma.» De même que dire «Promets-moi que tu ne recommenceras jamais» est une formulation inefficace, car votre enfant vit surtout dans le présent et a du mal à se projeter dans le futur. Une chose est certaine : une carotte agitée de temps en temps – «Tu acceptes de lâcher le livre de ta sœur et après je te donnerai un bonbon» – fait plaisir et calme le jeu si elle n'est pas utilisée à tout bout de champ, alors que les menaces et le chantage répétés jouent sur l'angoisse de l'enfant, sur sa confiance en soi et ne font qu'attiser en lui des sentiments de colère. De plus, il lui faudra un temps plus ou moins long selon sa personnalité pour retrouver sa joie de vivre. L'attitude qui consiste à lui dire «Si tu ne cesses pas cela, je ne t'aimerai plus» est particulièrement déstabilisante pour lui. Pour se construire, un enfant a besoin d'être rassuré sur l'affection que lui portent ses parents. Cet amour ne doit pas être remis en cause, car il stimule l'envie de leur faire plaisir et de réussir ce qu'il entreprend.

Bonnes ou mauvaises punitions

⇨ Des sanctions sur mesure

Selon les moments, un parent est forcément obligé de naviguer entre céder, menacer et punir. Mais il ne faut jamais lier la crise à un besoin vital de l'enfant. En lui intimant l'ordre d'aller se coucher ou en le privant de dessert parce qu'il a fait un gros caprice, on associe le sommeil – réparateur et indispensable au bon fonctionnement de l'organisme – ou le dessert – un besoin alimentaire pour l'enfant – à une punition. Rien de surprenant si manger ou dormir ne suscite pas chez lui un grand enthousiasme par la suite...

Une punition est parfois totalement inadaptée. Priver de dessins animés pendant une semaine un enfant de 4 ans qui n'a pas encore intégré la notion de temps, c'est une sanction excessive. Plus un enfant est petit et plus la punition qu'il reçoit doit être de courte durée et suivre de près le caprice. Ce serait également aberrant de supprimer le rituel du soir, la petite histoire avant le coucher qui sécurise votre enfant.

Pour être éducative, il faut que la sanction soit bien dosée et équilibrée: une petite punition pour un petit caprice, une grande pour un gros caprice. L'enfant doit pouvoir surmonter l'épreuve qu'il subit et conserver tout son optimisme. Par exemple: à 4 heures, substituer aux carrés de chocolat habituels une tartine de confiture sans annuler le goûter lui-même, ou, le soir, réduire le temps de jeu dans le bain sans l'en priver totalement.

Une sanction doit aussi respecter les capacités d'un enfant et avoir un sens par rapport à son univers et à ses centres d'intérêt. On peut ainsi décider que son benjamin de 3 ans n'ira au square qu'après le goûter et non avant comme prévu, et que le plus grand verra la galerie des dinosaures plus tard dans la semaine. Il est essentiel de leur préciser qu'on les prive d'un petit moment partagé avec leur parent mais en aucun cas de son affection et de sa considération qui, après coup, leur sont toujours «restituées». Selon l'âge de chacun, on peut aussi supprimer une cassette ou un temps de télévision.

Un enfant a besoin de punitions pour se décharger de sa culpabilité. Il sait qu'il a fait délibérément quelque chose de mal ou d'interdit. Lorsque son parent le sanctionne, il l'approuve secrètement. En recevant une punition adaptée, celui-ci lui restitue la possibilité de reprendre confiance, de restaurer une bonne image de lui-même et de retrouver le dialogue avec lui.

Pour leur conserver un impact et un sens, il faut autant que possible diversifier les sanctions. Certes, on n'a pas toujours la tête à trouver des «punitions idéales» pour chacun. Mais cela peut être très valorisant d'y réfléchir un jour où l'on se sent disponible pour cela et de les tester. Au bout de l'effort, la récompense n'est pas négligeable : un climat familial beaucoup plus agréable aura été restauré.

⇨ Punir à bon escient

Employée avec excès, la punition en devient injuste. Le punir ne devrait avoir pour but que de faire réfléchir un enfant à ce qu'il a fait et de lui apprendre qu'il a des responsabilités. Il est aussi préférable que la punition soit donnée par celui qui a assisté au caprice de l'enfant. Cela nécessite qu'un contrat de confiance soit énoncé entre les parents et les personnes qui le gardent. La nounou par exemple fera référence à la mère sans s'y substituer. Il est important qu'elle soit autorisée à donner un certain type de punitions qui ont été définies avec les parents. Mais il se peut que des choses plus graves soient en jeu, comme avoir donné des coups de pied à sa nounou. Il est essentiel d'en informer les parents. Ce sont eux qui doivent alors donner la punition. De manière générale, sans prendre fait et cause pour son enfant, il est bon de discuter avec lui, de lui montrer que la nounou n'a peut-être pas toujours raison mais qu'elle a reçu des consignes de votre part ou que tous les deux se sont peut-être mal compris. En l'absence du père et de la mère, si les grands-parents ont la garde de leur petit-enfant une fois par semaine par exemple, il est aussi légitime que les parents leur donnent un certain nombre de consignes qu'ils jugent importantes pour réagir à ses caprices.

Parfois, il faut sévir sans savoir qui a fait quoi et dans quel ordre les événements se sont passés. Marion dit qu'Eliot a été le premier à détruire son château de sable et bien sûr Eliot soutient l'inverse: «C'est pas juste, c'est toujours moi qui prends!» S'ensuivent de gros caprices où chacun exprime à qui mieux mieux sa contrariété. On peut opter pour punir les deux enfants, ce qui est injuste et insatisfaisant. Au mieux, cela permet de montrer qu'un père ou une mère n'a pas toujours raison: l'enfant relativise la notion de toute-puissance et le sens de la justice de son parent. L'aîné «prend» parfois pour les autres sous prétexte qu'il est censé avoir intégré les règles contrairement à ses cadets. Plus souhaitable : la «punition réparation» pour les deux enfants. Le plus jeune des deux met le couvert par exemple et l'aîné coupe le pain.

Il est bon d'éviter de jouer les adultes censeurs à tout bout de champ : laisser les enfants se débrouiller entre eux à partir du moment où ils n'en viennent pas aux mains est encore l'attitude qui piège le moins un parent. Rien n'interdit non plus de demander à son enfant s'il a une idée pour que soit rétablie une situation plus juste. Si deux enfants sont concernés, on peut aussi proposer à chacun de raconter sa version des faits. Souvent, le seul fait de les laisser s'exprimer apaise le conflit.

▓ Indifférence et dédain

Clarisse se roule par terre en pleine rue, sous le coup d'une tornade de colère qu'elle ne maîtrise plus. Sa mère fait mine de poursuivre son chemin, sans même lui lancer un regard ni lui adresser un mot. Elle pense dans son for intérieur : «Clarisse finira bien par se calmer.» L'enfant vit mal cette indifférence affichée par son parent à son égard. Il se sent rejeté par ceux qu'il aime le plus au monde et c'est une souffrance intolérable à ses yeux. «Tu n'es même pas capable de monter sur ce toboggan! Tu pleurniches et tu fais des caprices comme un bébé!» Il n'est pas rare d'entendre ce discours adressé par un parent à un bout de chou... de 3 ou 4 ans! Rien ne peut être pire pour un enfant que le mépris, le rejet ou l'indifférence de son parent face à son caprice. Ces attitudes insidieuses et toxiques pour lui ne s'expriment pas de manière spectaculaire mais elles sont là. Lorsqu'un parent a décidé d'ignorer un caprice, il affiche en général un ton mauvais et une mimique dédaigneuse qui donnent à l'enfant la sensation d'être rabaissé. Il adopte volontairement et «pour son bien» cette attitude blessante, parce qu'il pense qu'il va ainsi réussir à le secouer ou parce qu'il craint qu'il ne soit trop orgueilleux et en vienne à lui marcher sur la tête... Or, une dose non excessive d'orgueil et d'amour-propre – ce besoin d'amour de soi qui est indispensable pour avancer dans la vie – est importante, car elle est le ciment de la confiance en soi pour l'enfant qui se construit. Il ne faut pas se leurrer: si un enfant qui se sent rejeté va dans le sens voulu par son père et sa mère, c'est alors seulement par peur viscérale de perdre leur affection. Il se remettra toujours très douloureusement des signes d'indifférence ou de dédain de ses parents.

■ Les petites phrases qui n'arrangent rien

⇨ L'humour mal placé

«Évidemment tu fais ton caprice!» Le parent pratique une forme d'humour cinglant que le jeune enfant prend totalement à la lettre et reçoit de plein fouet. Les subtilités de l'ironie ou du sarcasme de l'adulte sont du petit chinois pour un bout de chou qui n'est pas en mesure d'accepter les plaisanteries sur lui-même. Mais il est sensible au ton avec lequel le message est dit et se sent dévalué. Car ces phrases laissent entendre que son caprice ne s'arrêtera pas... «Tais-toi, parce que bientôt tu sauras bien pourquoi tu pleures.» De même, lorsque le parent emploie la raillerie, l'enfant ne sait pas vraiment ce à quoi l'adulte fait allusion, mais il va éventuellement se méfier et éviter de s'exprimer. Toutes ces formes d'humour sont inaccessibles et douloureuses pour lui. Elles s'attaquent à son image et diffusent en lui un sentiment d'incapacité et d'infériorité.

⇨ La comparaison maladroite

«Ce n'est pas ton petit frère qui ferait un tel caprice, regarde comme il est sage, lui!» Comparer les enfants entre eux ou son enfant à un autre est une attitude à bannir. En valorisant l'un, on veut parfois secouer l'autre pour créer une émulation. Mais ce n'est pas ce qu'entend votre enfant. Il sent sa personne dévalorisée, sa singularité niée et peut nourrir en lui des sentiments de colère ou de haine.

⇨ Les reproches sur sa personne

«Tu es insupportable!», «Tu es vilain!», «Tu es très méchant!» Ce sont de grands classiques... qui ont surtout pour effet de soulager ou de défouler le parent à bout! On prononce ces mots sans réaliser que son enfant se sent jugé en tant que personne alors que ce sont ses actes ou ses paroles qui sont en cause. Mieux vaut dire: «Ce que tu fais, ce que tu dis là est inacceptable» ou «Je n'apprécie pas, je ne tolère pas ton attitude»; plutôt que: «En ce moment, tu es très vilain ou très laid» ou «Je ne t'aime plus». On s'entraîne ainsi à utiliser des mots adaptés et qui créent la distance souhaitée. Il est également important de ne pas présenter à son enfant une image négative de lui-même en se désignant soi-même comme sa victime: «Tu me tues, tu m'épuises» laisse entendre là encore que c'est sa personne qui est en jeu et non son attitude.

C'est pas bientôt fini ce caprice ?

⇨ Le père Fouettard

«Tu vas voir, quand papa va arriver ce soir!» Cette menace de la mère n'est pas souhaitable parce qu'elle fait jouer au père un rôle répressif. Il ne faudrait pas confondre ou lier respect et peur. Le père qui interdit n'est pas le père Fouettard. Il permet avant tout à l'enfant d'intérioriser des limites et de se séparer de sa mère. Pour éviter de se dévaluer et de faire jouer à son compagnon un rôle qu'il n'a pas à endosser, la mère peut dire à son petit capricieux plein d'impatience: «Tu attends parce que ton papa avait décidé qu'il voulait te donner le bain ce soir.» S'il est important que l'enfant voie que le père et la mère exercent une autorité conjointe lorsque ses actes sont graves, il n'est pas nécessaire que le *pater familias* connaisse dans le détail tous les petits caprices sans importance qui ont pu sillonner la journée de son enfant.

⇨ Les étiquettes qui figent l'enfant

«De toute façon, tu as un caractère de cochon!» ou «Tu es toujours comme ça, je le savais, ça changera jamais!»: ce type d'étiquette que l'on colle à l'enfant le conforte dans son agressivité. On le fige ainsi dans une attitude et on cristallise les difficultés. Les enfants ont l'impression qu'ils n'ont pas d'échappatoire. Ils supportent mal ce genre de petite phrase qui s'abat sur eux comme une chape, et ne leur renvoie pas une image positive d'eux-mêmes. Elle laisse même entendre que leurs parents ne leur donneront pas de chance de changer. De là à ce qu'ils s'imaginent lorsqu'ils sont face à une difficulté qu'«ils n'y arriveront jamais», il n'y a qu'un pas...

L'essentiel

■ La fessée est inefficace : elle débouche sur la soumission et la peur. Elle donne pour modèle une communication fondée sur la violence.

■ Une tape est tolérable : elle peut mettre fin à une scène mais elle reste elle aussi une réponse insatisfaisante au caprice.

■ Céder n'est pas dramatique si ce n'est pas systématique : il faut apprécier au cas par cas s'il est opportun de faire ce choix.

■ Une sanction est à adapter à l'âge et aux capacités d'un enfant : plus il est petit et plus la punition qu'il reçoit doit être de courte durée et suivre de près le caprice.

C'est pas bientôt fini ce caprice ?

■ Le chantage peut donner à un enfant l'impression d'être considéré comme un «objet de marchandage».

■ Le mépris et l'indifférence du parent le conduisent à la révolte et à la honte.

■ Certaines petites phrases de ses parents nuisent à sa bonne estime de soi.

Chapitre 7

Dompter les caprices sans les étouffer

**Savoir exercer son autorité est essentiel.
Pour inventer ses propres «recettes» contre les caprices,
un parent dispose aussi d'atouts importants dont
il n'a pas toujours conscience.**

▩ Les comportements adaptés

⇥ L'autorité est une nécessité

On a tant entretenu de confusions sur l'autorité que beaucoup d'adultes ne savent plus comment l'exercer. Un pas en avant, un pas en arrière : le parent désorienté pose des limites par à-coups…

Les pères ou les mères au comportement «copain» ou «cool» refusent de jouer les méchants, convaincus que frustrer leur enfant le rendrait malheureux. Or, c'est une idée fausse : un bout de chou intenable est en général un enfant qui a compris qu'il est douloureux pour son parent de poser des règles. En revanche, un enfant qui sait que ses excès seront contenus sera plus vite apaisé. Un parent a aussi parfois peur de perdre l'amour de ce dernier. Mais « éduquer pour être aimé » est un leurre. Un enfant ne fait pas de caprices pour que tous ses désirs soient comblés. Au contraire, il espère inconsciemment qu'on l'empêche de prendre le pouvoir. Les bases de cette autorité, le fait de savoir dire « non » dans le respect de sa singularité, sont à fixer très tôt, en les adaptant à son âge. Laissez-le donc s'exprimer ou râler et témoignez-lui de la compréhension tout en lui disant que vous n'admettez pas la manière dont il manifeste son désir. Un défaut ou un excès d'autorité accentue toujours la vulnérabilité de l'enfant. Certes, selon les moments, un parent tend plus vers l'autoritarisme ou vers le laxisme. Mais l'essentiel est qu'il le fasse par petites touches et que son autorité, elle, reste constante.

⇨ Un message clair

Il est essentiel que le message du parent à son enfant soit formulé clairement, avec des mots à sa portée et de manière stimulante. Il faut lui donner le sentiment que quelque chose d'important se joue et qu'il n'est pas une quantité négligeable, «écrasé» par un adulte beaucoup plus fort.

Il est préférable de ne pas hurler ses «ordres» depuis la douche. Il est beaucoup plus efficace d'avoir un ton et une mimique en accord. Gronder sans pouvoir réprimer un sourire parce qu'on est fier de l'agressivité de son enfant alimente ses caprices et le déstabilise. Mieux vaut le regarder dans les yeux avec un air désapprobateur et lui saisir le bras sans violence pour réexpliquer les termes du contrat et lui redire qu'il est inchangé: «Je te l'avais dit, il n'en est pas question et c'est comme ça.» Si vous êtes calme et déterminé, votre enfant entendra vos paroles et pas uniquement votre ton agressif. De même, si un parent se justifie trop, son message sera également noyé par son flot d'explications. L'enfant peut en déduire que tout est négociable. Sans faire de palabres, son parent peut lui dire qu'il le comprend. Mais maintenir trop longtemps le dialogue pendant le caprice est en général vain. À un moment donné, il est bon d'interrompre la communication avec l'enfant qui, enfermé dans sa bulle, n'entend rien, pour la reprendre plus tard. Si ce dernier intériorise un discours clair et distillé aux moments opportuns dès son plus jeune âge, il vivra moins les injonctions qui lui sont faites comme des «ordres».

C'est pas bientôt fini ce caprice ?

⇨ Lui apprendre à être responsable

Même si la notion de «responsabilité» s'acquiert progressivement, un parent peut introduire le mot très tôt. Au lieu de lui dire : «Fais un effort, sois sage, écoute la maîtresse», on affirme : «Moi, je t'envoie à l'école, je suis responsable de toi, et toi, ta responsabilité, c'est d'écouter la maîtresse». L'enfant est fier d'être renvoyé à lui-même avec une notion de respect : c'est sa décision et elle lui appartient. Il est encouragé à être acteur et à s'impliquer. N'hésitez pas à présenter les situations sous l'angle le plus positif possible et en lui laissant des ouvertures. Par exemple : «Si tu fais ton travail maintenant, après tu seras content, tu pourras prendre ton bain sans regarder l'heure !» Il est aussi plus juste et plus structurant pour un enfant de le renvoyer à la règle sociale chaque fois qu'elle s'impose : «Le spectacle commence à telle heure pour tout le monde. Si nous sommes en retard, on ne pourra pas rentrer dans la salle.» Mais rater la séance le confronte aussi aux conséquences de ses actes. Il constate que la réalité et le discours de son parent sont conformes et évitera de se placer dans une telle situation à l'avenir.

⇨ **Patience et «self-control»**

Savoir résister à une grosse colère nécessite beaucoup de maîtrise de soi et de patience pour apporter à votre enfant la sécurité dont il a besoin dans ces moments-là. Le parent peut s'aider «à tenir» grâce à un dialogue intérieur, en se répétant que la crise passera. Il lui faut maîtriser ses propres tensions pour cadrer l'enfant, quitte à avoir recours à la force pour stopper ses débordements. Le contenir physiquement en l'enserrant de ses bras est important parce que cela permet de conserver le contact. Pour l'amener à retrouver son calme et aussi pour rétablir votre sérénité, mieux vaut l'isoler, en lui précisant que l'on viendra le chercher dans un petit moment.

Un jeune enfant oublie vite les recommandations qu'on lui a faites. Il est dans le temps présent et n'anticipe pas ce qu'il fera demain ou après-demain. Un parent doit par conséquent dire et redire les choses autant de fois que nécessaire. Bien sûr, soumis au timing de sa journée, il a bien du mal à ne pas s'impatienter lorsque son enfant boude ou traîne. Sans excès, ce comportement du parent n'est pas nocif : un enfant apprend alors qu'il y a des moments où il faut savoir s'adapter. Cependant, votre propre patience reste le meilleur exemple pour votre enfant qui doit être guidé dans cet apprentissage difficile et progressif pour lui.

C'est pas bientôt fini ce caprice ?

⇨ Savoir se réconcilier

Après l'orage, c'est à l'adulte de faire le premier pas. Tournez la page : n'hésitez pas à vous livrer au bonheur du câlin qui ré-unit et à lui réaffirmer votre considération et votre confiance de parent. Il est toujours souhaitable d'enchaîner sur un projet positif, de montrer à l'enfant qu'il y a un «après» au caprice, en lui proposant par exemple de jouer ensemble à un jeu qu'il aime particulièrement. Tout ce qui empêche de ressasser du négatif et qui conserve de la gaieté et de l'entrain dans les relations qui vous unissent est à cultiver. On peut aussi tenter de le ramener à ses repères : «On va rentrer, dans ta chambre, tu vas pouvoir jouer avec ta poupée préférée...» C'est aussi le moment de faire appel à ses propres souvenirs d'enfant : «Moi aussi, un jour j'ai voulu que ma maman m'achète une poupée et elle n'a pas voulu.» Cependant, si votre petit capricieux boude encore, ne vous laissez pas décourager : octroyez-lui le droit de changer d'avis et persévérez. Certains enfants arrivent plus difficilement que d'autres à reprendre le cours de la vie.

Les caprices auxquels on n'échappe pas

⇨ Il ne veut pas dormir

Lorsqu'un enfant ne trouve pas le sommeil parce qu'il est malade, il a évidemment besoin que ses parents le réconfortent. Si vous acceptez qu'il dorme dans votre chambre, il est préférable de lui mettre un matelas au pied de votre lit pour éviter une trop grande intrusion dans votre intimité. Bien au chaud dans le lit de ses parents, un enfant risquerait d'être tenté d'y revenir souvent. De plus, c'est aussi accorder beaucoup d'importance au fait qu'il ne peut pas retrouver tout seul sa sécurité intérieure. Mais en général mieux vaut ne pas céder. Si une dispute éclate entre ses parents ou avec lui, ou bien si l'un de ses parents rentre fatigué ou de mauvaise humeur, il se peut que l'enfant fasse un gros caprice au moment du coucher. Il veut alors se venger ou vérifier que ces derniers sont suffisamment vaillants pour s'occuper de lui.

En période œdipienne, au moment où l'enfant est « amoureux » du parent du sexe opposé au sien, il ne dort pas pour mieux les surveiller et veut les séparer: «Mais que font-ils sans moi?», se demande-t-il. Il faut alors lui faire comprendre que les parents ont des besoins différents de ceux des enfants: «La journée, tu sais que je m'occupe de toi. Mais le soir tu dois dormir. C'est l'heure des parents et nous avons besoin de passer du temps ensemble.» Bien sûr, votre enfant va revenir dix fois à la charge. Mais lui répéter votre position, le raccompagner dans sa chambre et fermer votre propre porte sont des gestes d'autorité qui auront raison de son entêtement.

Alors qu'il prend de l'autonomie et intériorise peu à peu des interdits, il cumule souvent «son Œdipe» avec des peurs comme celle du noir. Il a besoin de puiser plus d'assurance en lui. Il est bon de laisser se mettre en place de nouveaux rituels sécurisants qui l'aident à trouver le sommeil. Par exemple, en plus de l'histoire du soir, on peut installer une veilleuse ou lui permettre de conserver sa porte entrouverte en laissant la lumière du couloir allumée. Autorisez-le, éventuellement, à jouer un peu, mais sans bruit.

⇨ Il ne veut pas se laver

Trop occupé à jouer dans sa chambre, votre enfant n'a pas envie d'aller prendre son bain. Il est bon de lui donner un délai et de s'y tenir: «Tu peux jouer dix minutes encore, le temps que je range ta chambre, et après tu iras te laver.» Essayez d'être souple ou de le stimuler sans faire l'impasse sur sa toilette. «Tu prendras vite ton bain, ce soir, car ton papa va rentrer plus tôt.» Jouez aussi sur son côté narcissique : au sortir du bain, mettez-le devant le miroir, faites-lui remarquer qu'il sent bon, coiffez-le, mettez-lui du gel. Mais il peut aussi avoir envie de se laver tout seul : accompagnez-le discrètement, les premiers temps. Plus tard, à 5 ou 6 ans, il fera peut-être une scène phénoménale parce que la porte de la salle de bains est restée ouverte. Il faudra alors savoir respecter sa demande : votre enfant grandit et délimite désormais les frontières de son intimité. Un enfant peut aussi développer des peurs passagères. Acceptez-les et essayez d'en identifier les causes pour l'aider à les surmonter. Par exemple : il a glissé dans son bain et craint de retomber ou, encore, l'eau était trop chaude ou trop froide... Se servir d'un joli gant ou d'un petit arrosoir, mettre très peu d'eau dans la baignoire, lui lire une histoire qui aborde ce thème, évoquer les jeux du bain et chanter, faire une toilette «au lavabo des parents» : ces gestes feront s'atténuer sa peur et parallèlement les caprices qu'elle suscite. Prononcez des mots rassurants et faites-lui comprendre que se laver est une règle à respecter par tous pour des raisons d'hygiène. Quitte à ce que cela «marche» si bien... qu'il finisse par ne plus vouloir sortir de l'eau! Là aussi, une jolie serviette et la promesse de cabrioles sur le lit peuvent le décider à cesser rapidement ses velléités de caprice.

⇨ Il ne veut pas s'habiller

Julien a décidé qu'il ne mettrait pas ses tennis. Mais son père a trouvé une astuce pour le faire changer d'avis. Il lui fait remarquer que ses propres chaussures sont presque pareilles que les siennes. Chaque fois qu'un parent arrive à inventer des réponses qui ne culpabilisent ni son enfant ni lui-même, le bénéfice est total pour tous.

Pour un enfant, s'habiller représente souvent une contrainte imposée par ses parents et il est normal qu'il s'y oppose. Il est aussi un âge, vers 5 ou 6 ans, où les enfants refusent qu'on choisisse leurs vêtements à leur place. Très jeune, un bout de chou peut préparer ses habits avec son parent. Plus tôt on l'incite à se responsabiliser, plus on lui donne conscience qu'il a des compétences. Bien sûr, pour aller plus vite, on est tenté de l'aider à s'habiller, même quand il veut le faire tout seul. Mais cela ne l'amène pas à avoir confiance en ses capacités et du coup sa tendance aux caprices ne fléchit pas. Lancez un pari: qui sera prêt le premier? Laissez-lui une chance de gagner et donnez-lui envie de renouveler son exploit. Dites-lui votre fierté de savoir qu'il s'est habillé avant vous pour l'arrivée de ses grands-parents, par exemple. Finalement, vous serez arrivé à vos fins dans la bonne humeur en évitant un orage!

⇨ Il ne veut pas manger

Votre enfant boude devant son assiette. Bien sûr, s'il ne se sent pas bien, il est inutile d'insister. Mais en général un enfant rejette un plat pour bien d'autres raisons. S'il s'est brûlé avec un bout de tarte, il en garde un mauvais souvenir et repousse les préparations qui lui rappellent cette aventure. Autre éventualité : comment pourrait-il manger du poisson alors que son père ne cache pas son dégoût pour ce plat ? Le manque de motivation par rapport à la nouveauté ou la peur de l'inconnu constituent souvent des blocages. Le goût, l'odeur, la consistance, la cuisson, la présentation ou la couleur d'un plat : tout cela peut jouer. Parfois aussi, l'enfant est influencé par les plaisanteries de ses camarades : le gratin comparé à du «caca boudin» ne met pas en appétit.

L'idée très répandue qu'un enfant qui mange bien va bien fait également des ravages. Ce dernier saisit vite l'enjeu que peuvent représenter les repas pour une mère angoissée et peut en profiter pour tenter de prendre le pouvoir. Il est important de ne pas changer le menu pour répondre à un désir récurrent de frites ou de pizza, même si cela rassure de savoir que son enfant n'a pas le ventre vide. C'est le rôle des parents de veiller à ce que les menus soient autant que possible équilibrés. Il faut qu'il sache qu'il n'est pas grave de ne

C'est pas bientôt fini ce caprice ?

pas aimer un aliment et qu'il soit valorisé chaque fois qu'il fait l'effort de goûter. Ne vous laissez pas décourager par un premier refus et ne le démotivez pas en vous exclamant : «C'est toujours pareil, tu n'as rien mangé!» Tentez plutôt de réintroduire plus tard l'aliment mal aimé sous une autre forme. La vieille méthode qui consiste à jouer à la cuillère avion ou à faire diversion suffit parfois à convaincre les plus jeunes.

Pensez à rendre ludiques les plats que vous lui proposez : un circuit de voiture dans la purée, une maison de légumes dont on croque le toit... Des morceaux de carottes crues, des petites tomates ou des bâtons de concombre peuvent lui donner la sensation de pique-niquer. Laissez-le tout au plaisir de se servir lui-même, de choisir l'assiette qui lui plaît, éventuellement de faire un peu gicler la nourriture... Des idées, rapides et simples à réaliser, éloignent parfois bien des nuages. Il ne mange pas de fruits ? Proposez-lui des jus de fruits avec des pailles rigolotes. Préparez ensemble, de temps à autre, le repas et confiez-lui une petite tâche à mener à bien. Jouez la carte de l'humour : «Quand j'étais petite, on me disait que les carottes donnaient les fesses roses, qu'est-ce que tu en penses ?» N'oubliez pas aussi qu'à table, un enfant s'impatiente vite. Son rythme n'est pas celui d'une grande personne. S'il n'a pas suffisamment faim et qu'il a la bougeotte, autant lui permettre de manger un plat puis de revenir pour le dessert.

⇨ Il veut ce jouet

«Maman, achète-moi ce camion!» Il est difficile pour un enfant de résister au jouet qu'il convoite, d'autant plus qu'il a souvent été alléché par la publicité qui en est faite à la télévision. Par ailleurs, tout est fait pour convaincre le parent qu'il sera un bon parent s'il l'éveille au maximum grâce à toutes sortes de jouets colorés. Lorsqu'il souhaite obtenir le robot ou la poupée qui lui plaît dans la minute qui suit, il est pourtant nécessaire d'être ferme, en particulier s'il va jusqu'à dissimuler l'objet de son désir dans sa poche... Il est important de l'aider à sortir de son sentiment de toute-puissance. Il faut lui répéter qu'il ne peut pas tout posséder et que ses parents n'ont pas à satisfaire tous ses désirs. Dans les moments d'apaisement, on peut éventuellement lui proposer une compensation – «Je vais t'acheter ce jeu que je t'avais promis» –, mais surtout en profiter pour lui enseigner la valeur de l'argent et lui expliquer comment on le gagne. Jusqu'à 3 ou 4 ans, on peut aussi tenter de faire diversion en attirant son attention sur autre chose.

C'est pas bientôt fini ce caprice ?

⇨ Il refuse de dire « bonjour » ou « merci »

Rien ne sert d'insister s'il s'entête à ne dire ni «merci» ni «bonjour»: au quotidien, votre exemple finira par porter ses fruits. Pensez plutôt à lui expliquer le monde des grands, à lui montrer qu'il en fera un peu partie s'il se prête au jeu. Pour comprendre le sens de ces mots de tous les jours, il a sans doute besoin qu'on lui raconte la valeur universelle des bonnes manières chez tous les peuples de la planète. Ainsi, pour se dire bonjour, les Eskimos se frottent le nez alors que les Japonais se courbent par respect pour leur hôte. Il est bon de faire comprendre à un enfant qu'une formule de politesse est bien autre chose qu'une obligation sociale: dire «bonjour», c'est aussi le plaisir de communiquer avec les autres et de se souhaiter réciproquement de bien démarrer la journée. Et pourquoi ne pas jouer à «Imaginons un monde où on ne dit jamais bonjour» pour qu'il réalise à quel point les relations humaines seraient alors tristes et sans chaleur?

⇨ Il vous interrompt

À peine avez-vous répondu au téléphone qu'il trouve le moyen de vous réclamer sur un ton de plus en plus insistant de l'aider ou de jouer avec lui. Il est indispensable de faire acte d'autorité et de lui demander de ne pas vous interrompre. Il faut qu'il comprenne que vous n'êtes pas à sa disposition à la minute où il le souhaiterait. Vous pouvez aussi mettre à côté de votre propre téléphone un téléphone jouet pour qu'il puisse vous imiter quand vous répondez. Si vous parlez longuement avec une amie dans la rue et qu'il se met à vouloir attirer votre attention, n'oubliez pas qu'on ne peut pas demander à un tout-petit de faire preuve de trop de patience. Il vaut donc mieux savoir écourter sa conversation si cela est possible avant qu'il n'ait l'impression qu'elle s'éternise et qu'il ne s'enferme davantage dans son caprice.

⇨ Il ne veut pas attacher sa ceinture

L'enfant doit comprendre que c'est la responsabilité de son parent d'appliquer la loi et de la lui faire respecter. Un père ou une mère n'a pas à se perdre dans de longues explications, au même titre que lorsqu'il s'agit de donner la main pour traverser, de faire ses devoirs ou de prendre des médicaments. C'est la règle, un point c'est tout. Elle est valable pour tous et n'est pas négociable : il faut attacher sa ceinture en voiture, tout en précisant à l'enfant que sa sécurité est en jeu. D'ailleurs, si on lui explique en quelques mots et le plus tôt possible cette loi, il l'accepte et l'intériorise comme quelque chose de normal même si cela ne lui plaît pas. Confortablement installé avec son doudou, face à une tablette et quelques jeux, il sera plus enclin à rester calme. Il est utile de prévoir une histoire ou un jeu pour ne pas rester sur son refus et l'intéresser à bien autre chose qu'à sa ceinture qui le dérange. En voyage, il est évident que des arrêts fréquents sont les bienvenus pour qu'il se dégourdisse les jambes et qu'il retrouve sa liberté de mouvement.

■ Que répondre à ses reproches ou à ses réflexions?

«Tu es méchante», «Et puis d'abord tu es moche», «Je t'aime plus»... Lorsqu'un enfant lance ces reproches, il projette son agressivité et anticipe le désamour de l'autre: il a peur qu'on lui dise qu'il est lui-même méchant. Il essaie de culpabiliser son parent et de le dévaloriser car il a subi une frustration. Il sait aussi que dire «Je t'aime plus» constitue une punition suprême pour un parent. Montrez-lui que de votre côté le dialogue et la confiance sont conservés: «Tu penses maintenant que je suis méchante parce que tu es en colère, mais, moi, je sais bien que tu ne penseras pas cela pour toujours. Je t'aime même si ce que tu fais n'est pas correct.» Un enfant se sent toujours en concurrence avec ses pairs. Il ne rate pas une occasion pour l'exprimer:

«Pourquoi c'est jamais à moi que tu achètes quelque chose?» Il a parfois la sensation qu'il est moins aimé que ses frères et sœurs même lorsque rien ne justifie cette impression. L'enfant qui ressent ce déséquilibre à ses dépens ne développe pas une bonne estime de lui-même. Il est alors important de lui demander pourquoi il se sent moins chéri que les autres et de prendre le temps d'en reparler plus tard. Si votre enfant exprime le besoin de se comparer à un autre, frère, sœur ou cama-rade: «Est-ce que je suis aussi capricieux que lui?», il faut plutôt entendre: «Est-ce que je compte autant?» Il cherche ainsi à ce que vous le rassuriez sur sa place, son identité et sa singularité au sein de sa famille.

Se poser les bonnes questions

Parfois, on ne sait vraiment pas pourquoi il fait un caprice. On peut alors tenter d'élaborer des hypo-thèses. Est-ce qu'il a eu peur? Est-il fatigué? Qu'est-ce qui s'est passé aujourd'hui, dans sa journée? A-t-il suffisamment dormi? Est-ce qu'il a vu à la télévision ou à l'école une cassette qui l'a impressionné? Il se peut qu'il ne veuille pas répondre lorsqu'on le questionne parce qu'un enfant n'aime pas être dévoilé. Il a honte, il ressent de la pudeur ou de la jalousie, il a été déstabilisé par des changements dans son environnement ou il a entendu ses parents raconter que les vacances étaient différées ou qu'un projet n'aboutirait pas. En lui disant qu'on a remarqué que quelque chose n'allait pas et en faisant des hypothèses à sa place, on lui montre qu'on ne le laisse pas seul avec sa honte et son sentiment de dévalorisation. Il peut aussi y avoir une raison à son caprice qui le renvoie à autre chose. Par exemple, une bagarre avec son frère lui rappelle une autre dispute avec un copain : cela réveille une émotion et le fragilise, ce qui l'amène à se montrer capricieux. Cependant, les parents ne peuvent pas tout comprendre, tout de suite. Si l'on constate que son enfant n'a pas envie de parler, mieux vaut lui proposer de le faire plus tard et éventuellement le rassurer : « Tu as peut-être entendu que je me disputais fort avec ta mère mais toi, tu n'y es pour rien. »

Des atouts en poche

Éduquer un enfant et affronter ses crises, ce n'est pas une chose facile. Les parents ressentent des périodes de solitude et de découragement. Ils commettent immanquablement des erreurs. Ils peuvent seulement tendre à être «suffisamment bons» pour reprendre la formule du pédiatre Donald W. Winnicott.

Être parents ensemble et savoir faire le point à deux, avoir un dialogue et un discours cohérent, écouter ses intuitions, cultiver le bon sens sont autant d'atouts pour faire face aux scènes de ses enfants. Les échanges d'expériences entre parents et leurs lectures permettent à chacun de s'enrichir. Cependant, un père ou une mère est parfois confronté aux pièges de la vulgarisation à outrance et de la professionnalisation de son rôle. Or, un parent est son propre chercheur. Ce qui lui correspond ne correspond pas forcément à un autre. Un parent est apte à inventer ses propres réponses car il connaît son enfant mieux que personne, et ce dernier lui donne toute sa confiance et son amour. Il est bon de faire appel à l'imaginaire et au ludique, en mettant en scène ses idées ou en s'inspirant de celles des autres. L'essentiel reste de s'autoriser à se remettre en question et surtout d'être à l'écoute de son enfant, de soi et de son conjoint autant que possible. En particulier lorsque les parents sont séparés, respecter la part de père ou de mère que porte son enfant est une priorité. Un parent qui refuse l'amalgame et fait attention aux mots qu'il emploie avance avec beaucoup plus d'assurance.

L'essentiel

▧ Un parent doit absolument exercer son autorité, c'est-à-dire savoir dire «non» de manière cohérente et dans le respect de la personne de l'enfant.

▧ Il est important d'énoncer un message clair sur un ton ferme à un enfant qui fait un caprice et de lui faire comprendre très tôt qu'il a des responsabilités.

▧ La patience du parent sécurise l'enfant.

▧ Certains caprices nécessitent des réponses adaptées à leurs causes, d'autres amènent le parent à rappeler que la règle s'applique à tous et est non négociable.

▧ Il est bon de relativiser ses reproches et d'y répondre en réaffirmant sa confiance à son égard.

▧ On peut élaborer des hypothèses pour comprendre les raisons de son caprice.

▧ L'écoute des parents et leur bon sens sont des atouts clés.

Chapitre 8
Prévenir les caprices

Pour empêcher bien des tempêtes, il est précieux d'utiliser les mots qui responsabilisent, de donner les encouragements qui rendent fier de soi et faire des jeux qui apprennent la patience.

Anticiper la crise

Énoncer ce que l'on va faire et l'ordre dans lequel on va l'effectuer donne à un enfant des points de repère et permet d'éviter des malentendus susceptibles de provoquer des caprices. Par exemple: «Nous allons faire des courses, je ne t'achèterai rien, puis nous irons au square» ou «Tu fais deux tours de manège, pas plus» sont des phrases qui fixent les règles d'emblée. De même, lorsqu'on a plusieurs enfants en bas âge, on peut anticiper en les prévenant qu'aujourd'hui seul l'un d'entre eux se verra acheter un nouveau camion pour remplacer celui qu'on lui a cassé.

Un parent peut éviter bien des scènes inutiles en ayant une stratégie du déroulement de la journée. Par exemple: ne pas se lever à une heure trop juste pour aller à l'école ou préparer la veille avec son bout de chou les vêtements du lendemain.

Il est important de le préparer à des changements: un déménagement ou une nouvelle nounou. L'enfant a besoin de savoir à quoi s'attendre pour ne pas alimenter inutilement des angoisses, sources de caprices. On peut lui rappeler qu'il a déjà fait comme ça et que cela s'est bien passé. On lui montre ainsi qu'il est une personne avec déjà beaucoup de compétences et d'informations emmagasinées en mémoire. Une fois au supermarché par exemple, donnez-lui la liberté de faire tout seul un certain nombre de choses, comme aller chercher une boîte de maïs ou un paquet de riz. Il se voit ainsi octroyer de petites responsabilités qui le valorisent... Plus un parent s'entraîne à anticiper avec un état d'esprit positif et ouvert vis-à-vis de son enfant, plus cela devient facile et valorisant pour lui puisqu'il voit s'atténuer ses caprices.

▓ **Échanger et dialoguer**

Il est important de s'entraîner à verbaliser avec son enfant et à choisir les mots justes pour nourrir la confiance réciproque qui vous lie, ce qui le rend encore plus réceptif à vos propos au moment de ses crises. À l'instar de son caprice, jamais le même parce qu'il dépend du contexte et de l'instant où il survient, la relation entre vous et votre enfant n'est identique à aucune autre. Dans la rue, à la télévision, dans les livres, les occasions d'observer et d'échanger sur ce que l'on voit ou entend sont nombreuses. Un enfant traverse imprudemment la rue. Un autre veut absolument qu'on lui achète une glace. Cela peut être l'occasion de solliciter son avis, de reparler des règles de vie en société, de la responsabilité qui incombe à ses parents et de ses propres caprices en termes positifs: «Souviens-toi, ce caprice-là, tu as pu le dépasser. Tu y arriveras encore. J'ai confiance en toi.» En discutant avec son parent, l'enfant réalise aussi que ce n'est pas toujours l'adulte qui sait tout et qu'il peut aussi apprendre d'un petit.

Dans des moments de tranquillité, l'encourager à parler de sa jalousie à l'égard de ses frères et sœurs lui donne le sentiment qu'il est reconnu comme enfant et qu'il n'est pas seulement «celui qui est envieux» des autres. N'hésitez pas à lui dire combien vous avez plaisir à le voir s'occuper tout seul ou à jouer calmement avec les autres. Il est sain que chacun dans la famille fasse part de ses émotions et comprenne que personne n'est à l'abri d'erreurs et qu'il y a forcément des allers-retours entre bons et mauvais moments. Il est important de le faire participer à des projets familiaux mais aussi de faire référence à sa propre histoire pour susciter le dialogue. Feuilleter des photos de famille ensemble, c'est essentiel. C'est une manière de faire diversion, d'échanger mais aussi de retrouver après la tempête calme, gaieté et complicité.

«Comme toi, je faisais des caprices et ma mère était parfois obligée de me punir. On demandera à ton papa si lui aussi a fait des caprices et s'il recevait des tapes.» Par ces confidences, l'enfant voit ainsi que son parent a été petit lui aussi, qu'il a fait des caprices, qu'il a désobéi, qu'il a aussi vécu des moments pénibles avec ses frères et sœurs et que cela l'a justement amené à préférer cultiver l'agréable. Les grands-parents peuvent eux aussi parler de leur époque et évoquer toutes les anecdotes qui ont entouré leurs propres caprices. Les scènes de vos enfants ont toutes les chances de s'adoucir si ce climat de dialogue est entretenu. S'aménager du temps ou des sorties en famille est profitable à tous si l'on s'accorde soi-même des plages de respiration pour recharger ses batteries.

▥ Le jeu comme allié

Le jeu et le plaisir qui lui est associé aident un enfant à surmonter bien des frustrations. On peut lui lire une histoire qui parle de caprice ou qu'il aime particulièrement. En le faisant réagir sur les images ou en lui demandant de dessiner par exemple la tête du garçon qu'il a vu faire une colère dans un magasin, ses parents l'encouragent à extérioriser ses propres émotions et à passer à autre chose. Le fait d'en rire ensemble ou de faire des petits jeux même un court moment permet également de prendre de la distance. Des grimaces dans la glace, des jeux de mime, jouer à être un personnage qu'il a choisi pour lui et pour vous – «Tu fais la dame qui sourit puis se fâche, je fais le petit garçon qui n'est pas content ou qui rit» – le font goûter au plaisir de décider, de dominer ou de mettre en scène ses frustrations.

Les jeux de société sont aussi d'un précieux recours. Ils développent la patience et lui apprennent les règles

C'est pas bientôt fini ce caprice ?

et les limites : attendre son tour, ne pas tricher, respecter ses partenaires et réussir à jouer tous ensemble. Jouer au jeu de l'oie ou aux petits chevaux, par exemple, implique qu'un enfant fasse preuve de souplesse et qu'il ne reste pas figé sur ses revendications. Ces qualités d'adaptation, qu'il développe sans s'en rendre compte, l'arment contre sa volonté soudaine d'obtenir tout de suite ce qu'il désire. De temps à autre, changer les règles pour les rendre plus accessibles aux plus jeunes ou les laisser gagner stimule leur envie de recommencer par plaisir et non par dépit. Les jeux d'eau ont également des vertus insoupçonnées. Laissez-les transvaser l'eau ou faire barboter leurs jouets dans l'évier : cela les apaise et leur apprend à réparer les dégâts après coup avec votre aide.

Certaines activités, comme l'éveil musical, favorisent particulièrement leur sens de l'écoute. Le sport l'aide aussi à rendre ses pensées plus positives et à s'ouvrir à des valeurs essentielles telles que le respect d'autrui ou la solidarité. En pratiquant le judo par exemple, il réalise que le grand qui fait équipe avec lui doit contrôler sa force et qu'il n'est pas là que pour l'écraser. En prime : l'enfant libère son énergie et ressent une fatigue physique saine et un besoin de repos.

Il reste essentiel de lui montrer que le plaisir n'est pas qu'immédiat mais qu'il est aussi très bon de savoir attendre. Il découvre que préparer procure aussi de l'excitation. Les gâteaux faits avec sa mère et mangés en famille le soir lui vaudront sans doute des compliments! Tous ces petits moments de la vie sont précieux parce qu'ils lui donnent le goût de l'effort et développent le sentiment de sa compétence.

Encourager au maximum son enfant

Plutôt que d'insister sur ce qui ne va pas, dédramatisez et soulignez tout ce qu'il fait de bien et qui vous fait plaisir. Il a su attendre, il s'est montré responsable; il faut absolument dire et montrer sa satisfaction et sa fierté de le voir grandir en le félicitant: «Je sais que tu es capable de le faire, que tu peux y arriver.» Même si le résultat n'est pas totalement à la hauteur de vos attentes, sachez valoriser ses efforts. Montrez-lui qu'il est capable de changer et de restaurer une bonne image de lui-même. Acceptez qu'il se trompe ou qu'il fasse moins bien: «L'important c'est que tu as essayé.» Encouragez votre enfant à faire par lui-même en lui donnant une marge de manœuvre: il doit faire son travail scolaire mais il peut décider s'il le fera avant ou après le bain. De temps en temps, apportez une petite touche festive pour récompenser son comportement positif : «Je te fais ce petit cadeau car j'ai remarqué que tu fais de moins en moins de caprices au supermarché.» Lorsqu'il n'y a pas eu de demande expresse de sa part, une surprise que vous lui avez exceptionnellement préparée éclaire son visage d'un sourire radieux. Il est fier de vous avoir fait plaisir et d'avoir été moins capricieux.

L'essentiel

▓ Pour prévenir ses caprices, on peut parler à son enfant du déroulement de la journée, lui confier de petites responsabilités et le valoriser en tant que personne qui a des compétences.

▓ Prendre l'habitude d'échanger des moments de complicité, de parler des émotions de chacun et de regarder des photos redonne des repères à l'enfant et ravive le climat de gaieté indispensable à son éducation.

▓ Par des jeux, sports ou activités, le parent l'aide à acquérir certaines valeurs pour mieux vivre son impatience et ses émotions soudaines.

▓ Encourager la manière positive dont il se comporte lui montre qu'il est capable de changer et l'aide à se délester de ses caprices.

Conclusion

Pour contrôler ses pulsions et apprendre à renoncer à sa toute-puissance, votre enfant a besoin de temps.

Votre autorité, votre écoute et votre patience sont essentielles. Le chemin vers un peu plus de maturité est toujours fait de régressions, d'allers et retours. Un enfant tâtonne pour exécuter les pas qui lui permettent de grandir. Sous votre regard bienveillant, mais dans le cadre de limites ou d'interdits que vous lui fixez, il doit progressivement accepter et intérioriser la frustration comme un élément de la vie. Il développe ainsi sa capacité d'adaptation aux imprévus de l'existence.

Les parents sont bien mieux armés qu'ils ne le pensent pour aider leur enfant à franchir ces étapes et lui permettre de sortir de «la période des caprices». Il est essentiel qu'ils retrouvent confiance dans la nécessité d'exercer leur autorité avec bon sens, sans excès ou insuffisance. Conscients de la singularité de leur enfant, unique, aîné, cadet ou dernier, et de l'importance de le responsabiliser en fonction de son âge et de ses capacités, les parents sont alors leurs propres

C'est pas bientôt fini ce caprice ?

chercheurs. Pour chaque enfant, pour chaque caprice, ils se donnent ainsi les moyens d'inventer des «recettes maison» efficaces et uniques.

Bibliographie

D'ALLANCÉ M., *Grosse colère*, L'École des loisirs, coll. « Lutin poche », 2000.

BRUNELET M., *J'apprends à dire oui*, Fleurus, coll. « Premiers mots de la vie », 2001.

DOLTO-TOLITCH C., *Les Colères*, Gallimard Jeunesse, coll. « Mine de rien/Giboulées », 1997.

GIREL T. et GIREL S., *Moi je boude*, Gautier Languereau, 2003.

LÉVY D. et TURRIER F., *L'Imagier des sentiments de Félix*, Nathan, 2004.

PETZ M. et JACKOVSKY A., *De mauvais poil*, Nord-Sud, 2004.

Table

Conception graphique et réalisation : Louise Daniel.
Impression Bussière en 2004.
Editions Albin Michel, 22, rue Huyghens 75014 Paris
www.albin-michel.fr
ISBN : 2-226-15556-2
N° d'édition : 22973. – N° d'impression : 044738/1.
Dépôt légal : janvier 2005.
Imprimé en France.